DESAFIOS DO FEDERALISMO FISCAL

DESAFIOS DO FEDERALISMO FISCAL

Fernando Rezende
coordenador

ISBN 85-225-0585-3

Copyright © Associação Nacional dos Centros de Pós-Graduação em Economia — Anpec

Direitos desta edição reservados à
EDITORA FGV
Praia de Botafogo, 190 — 14º andar
22250-900 — Rio de Janeiro, RJ — Brasil
Tels.: 0800-21-7777 — 21-2559-5543
Fax: 21-2559-5532
e-mail: editora@fgv.br — pedidoseditora@fgv.br
web site: www.editora.fgv.br

Impresso no Brasil / *Printed in Brazil*

Todos os direitos reservados. A reprodução não autorizada desta publicação, no todo ou em parte, constitui violação do copyright (Lei nº 9.610/98).

Os conceitos emitidos neste livro são de inteira responsabilidade dos autores.

1ª edição — 2006

Revisão de originais: Ana Paula Dantas

Editoração eletrônica: FA Editoração

Revisão: Aleidis de Beltran e Mauro Pinto de Faria

Capa: aspecto:design

Ficha catalográfica elaborada pela Biblioteca
Mario Henrique Simonsen/FGV

Desafios do federalismo fiscal / Coordenador: Fernando Rezende.
— Rio de Janeiro : Editora FGV, 2006.
116p.

Inclui bibliografia.

1. Descentralização administrativa. 2. Reforma tributária. 3. Política tributária. 4. Relações fiscais intergovernamentais. I. Silva, Fernando Antonio Rezende da. II. Fundação Getulio Vargas.

CDD — 336.2

Sumário

Introdução 7

1. Os desafios do federalismo fiscal 11

    Fernando Rezende

2. Descentralização fiscal, harmonização tributária e relações intergovernamentais: como distintas federações reagem aos desafios da globalização 25

    Marcelo Piancastelli
    Rogério Boueri
    Edilberto Pontes Lima

3. Brasil: conflitos federativos e reforma tributária 83

    Fernando Rezende

Introdução

Em dezembro de 2005, o Fórum Mundial sobre Federalismo Fiscal, realizado em Costa do Sauípe, Bahia, reuniu especialistas de 13 países de todos os continentes para analisar os desafios que os regimes federativos enfrentam no campo fiscal em face da globalização econômica e do processo de formação de integração de economias regionais.

O evento encerrou a rodada internacional do Diálogo Global, programa desenvolvido pelo Fórum das Federações — organização nãogovernamental de caráter internacional, sediada em Otawa, Canadá —, conjuntamente com a International Association of Centers for Federal Studies. Contou com o apoio do Fórum Fiscal dos Estados Brasileiros e foi promovido pela Secretaria da Fazenda do Estado da Bahia, com o patrocínio do Bradesco, do Banco do Brasil, da Caixa Econômica Federal, da Confederação Nacional da Indústria e da Petrobras. No Brasil, o programa do Diálogo Global é coordenado pelo professor Fernando Rezende, também orientador do programa de trabalho que o Fórum Fiscal dos Estados Brasileiros desenvolve com a Fundação Getulio Vargas (FGV).

Ao sediar um evento internacional desse porte, a Secretaria da Fazenda do Estado da Bahia incentivou a análise e o debate de questões relacionadas à economia do setor público, por meio do conhecimento das experiências de outros países tendo, desse modo, contribuído para o exercício de práticas mais positivas e cooperativas por parte das unidades federativas brasileiras.

Os debates nesse fórum giraram em torno de três grandes temas: a sustentação da disciplina fiscal em um contexto de descentralização do poder de tributar e das responsabilidades de gasto; a eficiência e eficácia das políticas públicas e o problema da responsabilização dos governantes perante seus cidadãos; e a importância de manter a coesão federativa em meio à tendência de agravamento das disparidades regionais.

O acervo de conhecimento e de informações reunidos nas palestras realizadas e nos debates travados no decorrer do evento subsidiaram a preparação deste livro. Especialistas nacionais se debruçaram sobre o material compilado, de onde extraíram os aspectos da experiência internacional de maior interesse para o exame do caso brasileiro. Desse trabalho resultaram os textos que compõem os dois primeiros capítulos deste livro.

No primeiro capítulo, Fernando Rezende, responsável técnico pela organização do fórum, apresenta uma síntese dos principais desafios que a nova realidade da economia internacional e as renovadas exigências da sociedade por governos mais eficientes e mais bem ajustados às demandas de seus cidadãos impõem às federações no campo fiscal.

No segundo, Marcelo Piancastelli, Rogério Boueri e Edilberto Pontes Lima exploram as principais questões debatidas no evento, à luz de conceitos teóricos e do modo como os países nele representados, cada um a seu modo, buscam adaptar-se a esses desafios.

O terceiro capítulo, de Fernando Rezende, completa este livro e resulta diretamente dos debates travados no fórum, mas se relaciona com uma das questões mais exploradas nesse evento e uma das preocupações principais no debate brasileiro: os obstáculos que os conflitos federativos, em boa parte decorrentes dos ajustes realizados nas finanças públicas nacionais para manter a disciplina fiscal nos anos recentes, interpõem ao avanço de reformas voltadas para a modernização do sistema tributário brasileiro.

Com este livro, o Fórum Fiscal dos Estados Brasileiros espera estimular os estudos sobre o federalismo fiscal brasileiro e contribuir para a discussão de propostas de reforma que conciliem a disciplina fiscal com a modernização tributária, o equilíbrio federativo e a qualidade da gestão pública.

Heron Arzua
Presidente do Fórum Fiscal
dos Estados Brasileiros

1

Os desafios do federalismo fiscal

Fernando Rezende*

Federações de todos os continentes enfrentam atualmente grandes desafios, provocados por mudanças na economia, na demografia e na política. A globalização da economia interfere nos sistemas tributários, enquanto as mudanças na demografia alteram o padrão das demandas por políticas públicas, aumentando a complexidade das relações intergovernamentais. Por seu turno, alterações no quadro político explicitam conflitos de interesses e tornam mais difícil o entendimento em torno das reformas necessárias para a adaptação a um novo contexto.

A natureza desses desafios e suas implicações dominaram os debates no Fórum Mundial sobre Federalismo Fiscal realizado em Costa do Sauípe, na Bahia, em dezembro de 2005. Durante esses debates as experiências de 12 países foram examinadas, com ênfase nas mudanças provocadas por esses desafios nas finanças federativas. Os principais destaques desses debates são apresentados adiante com o intuito de organizar uma agenda de discussão sobre a reforma do federalismo fiscal brasileiro.

---

* Economista, professor na Escola Brasileira de Administração Pública e de Empresas da Fundação Getulio Vargas (Ebape/FGV). O autor agradece a inestimável cooperação de Erika Amorim Araujo para a preparação deste livro.

Os desafios e suas implicações

A mobilidade das bases tributárias

Uma importante conseqüência da globalização dos mercados é a crescente mobilidade de bases tributárias tradicionais, o que interfere diretamente em uma das questões centrais do federalismo fiscal: a repartição dos poderes para tributar. A maior mobilidade das bases tributárias limita a tributação da produção e dos negócios; reduz a autonomia dos governos subnacionais, principalmente no que diz respeito às normas aplicadas à cobrança dos tributos de sua competência; pressiona por uma maior harmonização de tributos em nível nacional e internacional; e demanda a eliminação de tributos sobre o comércio exterior — uma importante fonte de receita em países menos desenvolvidos.

Tributos economicamente ineficientes sobre vendas de mercadorias e serviços, tais como os que incidem de modo cumulativo sobre o processo produtivo, devem ser substituídos por impostos modernos sobre o valor adicionado que desonerem a produção, os investimentos e as exportações. A tributação da renda empresarial precisa ajustar-se ao padrão internacional e o retorno a um tratamento diferenciado da renda do trabalho e da renda do capital, no tocante à tributação da renda familiar, parece ser a forma de evitar a fuga de capitais. Com a política tributária voltando sua atenção para as bases tributárias de baixa mobilidade territorial, o consumo, a renda familiar e os salários tendem a predominar na composição das receitas públicas no contexto internacional.

A concentração em poucas bases tributárias limita a autonomia subnacional, mas não implica necessariamente em perda de autonomia fiscal. Para tanto, a solução está no compartilhamento de bases tributárias, que não faz parte da tradição brasileira mas é comum em outras federações. Esse é também o caminho para conciliar as exigências da modernização dos tributos, fundamental para a competitividade no mercado global, com as exigências da disciplina fiscal imposta pela globalização dos mercados financeiros. O compartilhamento também estimula a cooperação administrativa, ao reduzir os custos de fiscalização e de cumprimento das obrigações fiscais.

Um caso particular de concentração de bases tributárias é encontrado em países onde a tributação de recursos naturais responde por uma parcela expressiva das receitas públicas (Nigéria). Nesses casos, o conflito em torno das fórmulas utilizadas para promover a redistribuição dos recursos fiscais assume características especiais, tendo em vista que as regiões em que se concentram esses recursos nem sempre são as que apresentam um maior nível de desenvolvimento.

A experiência internacional fornece interessantes exemplos de compartilhamento de bases tributárias em regimes federativos. Há duas alternativas principais: o governo federal e os estados aplicam suas próprias alíquotas sobre uma base comum, ou ambos partilham a receita obtida a partir de uma alíquota comum. Comum a essas duas alternativas é uma regra que define a base sobre a qual as alíquotas são aplicadas. A diferença entre elas está no fato de que a primeira oferece algum espaço para o exercício da autonomia tributária no plano subnacional.

A adoção de alíquotas próprias é típica de países onde os estados têm maior autonomia. No Canadá, a tributação do consumo, sob a forma de um IVA partilhado entre o governo federal e a província de Quebec, fornece o exemplo mais importante da primeira alternativa. Na Alemanha, a repartição da receita do IVA é o exemplo mais conhecido da segunda. A primeira alternativa também é adotada pelo Canadá no campo da tributação da renda. Essa opção, convém notar, introduz alta flexibilidade na repartição da receita de impostos sobre o consumo e a renda entre o governo federal e os estados/províncias, uma vez que, por meio da redução da alíquota federal, procede-se a uma transferência de capacidade tributária para os governos subnacionais, reforçando os laços de co-responsabilidade entre os governantes e os contribuintes.

A proposta de um IVA dual, como é conhecido o modelo de tributação do consumo que segue a primeira das alternativas mencionadas, foi incluída em recentes proposições de reforma do sistema tributário brasileiro e intensamente debatida durante as tentativas de reforma realizadas no final da década de 1990. Embora tenha estado ausente das mais recentes sugestões de reforma, ela encontra, agora, um espaço mais propício para prosperar.

No campo da tributação da renda, a adoção de uma alíquota estadual aplicada à mesma base tributada pelo governo federal é uma opção que amplia as possibilidades de conciliar a autonomia fiscal com a harmonização tributária. Por ser uma forma direta de aumentar a capacidade tributária dos estados de maior desenvolvimento, ela torna mais fácil avançar na aplicação do princípio de destino ao IVA, ao mesmo tempo em que permite redefinir as transferências tributárias e implantar no Brasil um efetivo sistema de equalização fiscal.

As distorções geradas por tentativas de tributar bases móveis na esfera subnacional realçam um problema que precisa ser encarado em futuras propostas de reforma do sistema tributário brasileiro: a repartição entre estados e municípios da competência para tributar mercadorias e serviços. A alta mobilidade territorial dos serviços modernos torna inviável a sustentação dessa anomalia. A reunião de serviços e mercadorias em um único IVA não significa, necessariamente, perda de autonomia dos municípios, que continuariam partilhando a receita do IVA com os estados. Ademais, a revisão das transferências e um uso mais intensivo de contribuições diretas dos usuários dos serviços públicos são opções importantes para aumentar a autonomia fiscal de governos municipais.

Ampliação das disparidades internas e mecanismos de equalização

Num mundo onde as fronteiras econômicas tornam-se porosas e as novas tecnologias aplicadas à produção e comercialização de bens e serviços não respeitam a geografia política, as disparidades regionais aumentam, acarretando conflitos de interesses e aumentando a complexidade das soluções requeridas para manter o equilíbrio federativo e a coesão interna. A conseqüência da ampliação das disparidades é a concentração territorial das bases tributárias e o aumento dos desequilíbrios na repartição das receitas tributárias entre os membros da federação, tanto na perspectiva vertical quanto, e principalmente, na horizontal. A ampliação dos desequilíbrios horizontais cria um problema especial para a gestão de serviços metropolitanos em face das disparidades de recursos com que contam os estados e os seus municípios.

A ampliação dos desequilíbrios requer maior atenção aos mecanismos utilizados para equilibrar a repartição da receita tributária com a distribuição espacial das necessidades de gasto. A correção desses desequilíbrios é o objeto específico dos regimes de equalização fiscal.

De um modo geral, os regimes de equalização fiscal buscam reduzir as diferenças com respeito à capacidade financeira dos vários entes da federação para cumprirem com suas responsabilidades, buscando aproximar a receita tributária *per capita* de um padrão predefinido — a média das unidades mais desenvolvidas como Canadá e Alemanha. Fórmula mais sofisticada é adotada na Austrália, onde o regime de equalização fiscal leva em conta diferenças no custo de provisão de serviços com o intuito de oferecer um mesmo padrão de atendimento das demandas da população em qualquer parte do país.

Qualquer que seja o padrão de referência adotado, uma característica fundamental dos mecanismos de equalização fiscal é que a compensação financeira às unidades menos desenvolvidas deve levar em conta o uso que fazem dos tributos de sua competência — o esforço tributário próprio — e todas as demais fontes de recursos que compõem o seu orçamento. Assim, a compensação financeira fica limitada a recursos adicionais efetivamente necessários à equalização da capacidade de gasto ou da capacidade de prover um mesmo padrão de serviços.

Um sistema de equalização fiscal difere, portanto, de transferências redistributivas baseadas em alguns impostos federais, como no Brasil, ou na totalidade das receitas federais, como na Índia. Ao não levar em conta outras fontes de recursos e o esforço de arrecadação de tributos próprios, as transferências redistributivas tendem a ampliar os desequilíbrios horizontais, a incentivar um comportamento liberal com respeito à aplicação dos tributos de competência dos governos subnacionais.

Duas questões importantes aumentam a dificuldade encontrada para desenhar e implementar sistemas eficazes de equalização fiscal: a ampliação das disparidades regionais e o aumento do custo de provisão de serviços. Com a ampliação das disparidades e o aumento do custo de provisão de serviços (saúde é o principal exemplo), o montante requerido para alcançar um dado padrão de equalização tende a crescer, gerando conflitos em torno do montante de recursos necessários para sustentar o padrão preestabelecido. A conseqüência é uma revisão do padrão para acomodar o montante das transferências às disponibilidades financeiras do governo central (Canadá, Austrália). No caso da Alemanha, onde a equalização é promovida por meio da transferência de receita dos estados mais desenvolvidos para os de menor desenvolvimento, os conflitos na federação acirram o antagonismo entre os estados e levam a demandas por revisão do modelo.

Importância das transferências

A ampliação das disparidades e as demandas por maior descentralização na provisão de serviços, em busca de maior eficiência do gasto e de *acccuntability* dos governantes, aumenta a importância das transferências intergovernamentais de recursos no federalismo fiscal. Além de mecanismos de equalização fiscal e de transferências redistributivas, outras transferências, cujo uso é condicionado à aderência a políticas nacionais, crescem em volume e em importância.

Em regimes puros de equalização fiscal, o montante das transferências não é predeterminado. Ele resulta da fórmula adotada para promover a equalização, em geral baseada no esforço de elevar a receita por habitante dos estados de menor capacidade econômica a um padrão estabelecido com base na média alcançada por um conjunto de estados mais importantes, gerando uma conta em aberto para o governo federal.

Isso também pode ocorrer no caso de outras transferências em que o governo federal se compromete a complementar o gasto realizado por governos subnacionais em determinadas funções — saúde e educação, por exemplo.

A conta em aberto é, todavia, uma prática que se torna limitada em virtude da crescente preocupação com a disciplina fiscal. Assim, a determinação do tamanho das transferências é uma questão que merece maior atenção no desenho de regimes fiscais federativos. Quanto maior for a participação das transferências na composição dos orçamentos subnacionais, menor é a possibilidade de os governos locais agirem em consonância com as demandas de seus eleitores e menor também é a possibilidade de eles exercerem um maior controle sobre a atuação de seus governantes.

Além do tamanho, três outras dimensões importantes das transferências merecem ser destacadas: a sua natureza, a sua operacionalização e os seus destinatários.

Quanto à natureza, as transferências podem ser assim classificadas:

- livres ou condicionadas;
- formais ou informais;
- rígidas ou flexíveis;
- simétricas ou assimétricas.

Diferentes situações caracterizam os países cujas experiências foram discutidas no Fórum Mundial. Observa-se um crescimento de transferências condicionadas, principalmente voltadas para a implementação de políticas sociais, em aparente contradição com o movimento em prol da descentralização fiscal. Sob outra perspectiva, as transferências condicionadas podem ser vistas como uma forma de compartilhamento de políticas nacionais e como um mecanismo de indução à cooperação intergovernamental na provisão de serviços públicos prioritários, dos quais a saúde constitui um exemplo importante.

No caso das transferências condicionadas estarem associadas à implementação conjunta de políticas nacionais, elas precisam estar definidas em normas legais que estipulem objetivos e definam os procedimentos a serem observados na repartição dos recursos entre os entes federados. Se voltadas para a provisão de serviços de caráter continuado, precisam também de alguma previsibilidade com respeito aos recursos a serem distribuídos, seja esta garantia provida por meio da predefinição de suas fontes, seja mediante o compromisso de cobertura financeira de uma conta em aberto e garantia de continuidade. Transferências informais, definidas com base em procedimentos *ad hoc* servem melhor a propósitos específicos e a projetos de curta duração.

Continuidade e previsibilidade não significam, entretanto, que as regras instituídas devam ser rígidas e difíceis de ser alteradas. A mobilidade populacional e as alterações verificadas em todo o mundo com respeito ao perfil demográfico das populações requerem ajustamento das regras a mudanças em demandas e necessidades ditadas pelo ritmo das mudanças socioeconômicas, o que torna-se extremamente difícil quando as regras que governam as transferências estão inscritas na Constituição. O Brasil é um caso único de alta rigidez normativa em comparação com a situação encontrada em outros países estudados.

Um exemplo interessante de flexibilidade é fornecido pela Índia, onde o montante das transferências, assim como as regras a serem adotadas na sua partilha, são definidos por um período de cinco anos, com base em recomendações de especialistas independentes a partir de análises das condições vigentes e das perspectivas para o período mencionado. Tais regras são revistas a cada qüinqüênio, o que permite adaptar as transferências a mudanças nos cenários econômico e social que afetam a situação fiscal da federação.

Além de normas rígidas, o Brasil destaca-se ainda pela simetria das regras aplicadas às transferências intergovernamentais de recursos. Exemplos notáveis de regras assimétricas são fornecidos pelo Canadá e pela Suíça, mas outros casos com os quais o nosso pode se comparar melhor — Índia e Espanha — também adotam regras diferentes para lidar com situações assimétricas. Regras assimétricas parecem ser uma solução interessante para situações onde conflitos de interesses e demandas por autonomia subnacional criam dificuldades à sustentação da coesão federativa e devem, portanto, ser examinadas com atenção em uma proposta de reforma do federalismo fiscal brasileiro.

Ampliação do papel dos governos locais

Outra importante conseqüência das mudanças que se processam nos campos da economia e da demografia é a importância que as cidades, principalmente as metrópoles, assumem na economia global e no contexto doméstico. Na economia, as chamadas cidades mundiais concentram enorme poder. Nelas estão as sedes das maiores corporações internacionais, dos conglomerados financeiros, dos principais centros de decisão. Na demografia, a urbanização que acompanha a transformação de uma economia baseada na produção manufatureira por um predomínio da prestação de serviços, concentra população e problemas em aglomerados urbanos que demandam crescente atenção dos poderes públicos municipais, que têm capacidade de resposta limitada pelo tradicional arranjo fiscal federativo, que não oferece uma solução adequada ao crescente desequilíbrio vertical que se manifesta no âmbito das relações dos estados com seus municípios.

Com a crescente importância dos governos locais, a federação de três níveis, onde o município tem reconhecimento constitucional como ente da federação, vista por muitos como mais uma excentricidade brasileira, passa a ser uma realidade em outros países federados. Na África do Sul e na Nigéria, esse modelo foi adotado. Na Índia, reformas recentes ampliaram o poder de atuação de governos locais. No Canadá, algo impensável há bem pouco tempo, a transferência direta de recursos federais a governos locais está sendo praticada em resposta ao crescimento do desequilíbrio vertical no âmbito das províncias. O poder dos governos locais também é defendido por aqueles que vêem na aproximação de governantes e governados o caminho para a eficiência e eficácia da gestão pública e para a responsabilização dos governantes.

Com a diversidade de situações encontradas no âmbito municipal, a questão da simetria das regras ganha um destaque especial. Grandes metrópoles assumem um importante papel na economia mundial e demandam soluções diferentes das aplicadas a pequenos centros urbanos ou a grandes áreas rurais, fazendo com que a hipótese do Brasil de adotar regras assimétricas mereça atenção.

Adoção de regras fiscais

O desafio de conciliar a descentralização fiscal com a disciplina na gestão das contas públicas tem conduzido à adoção de regras que buscam evitar uma gestão irresponsável dos orçamentos públicos. Há duas atitudes principais com respeito à maneira de assegurar um comportamento fiscal responsável. De um lado estão os poucos que defendem a autonomia fiscal em todos os níveis da federação como a maneira mais efetiva de alcançar o objetivo. Do outro, a maioria avança na imposição de regras e de penalidades no caso de descumprimento para conseguir o mesmo resultado.

O exemplo mais importante de crença na autonomia é o fornecido pelo Canadá. Para que funcione, esse modelo depende de uma crença inabalável na disposição do governo federal de não socorrer os governos subnacionais que incorrerem em práticas irresponsáveis que levem a um excessivo endividamento, que pode ser evitado pelo mercado financeiro, quando este se recusa a emprestar a governos que apresentam um risco elevado de inadimplência, ou pelo medo que os governantes tenham da reação de seus contribuintes a aumento de impostos que teriam de ser exigidos para pagar a dívida contraída. Essa última explicação parece funcionar melhor no caso canadense do que a disciplina imposta pelo mercado financeiro.

Também na Suíça, a autonomia dos cantões exerce um efeito inibidor sobre o endividamento subnacional, o que é reforçado pela prática da democracia direta. A decisão de executar programas ou investimentos que implicam em gastos elevados tem que ser submetida a plebiscito para ser aprovada. Além do mais, se por algum motivo o exercício financeiro terminar com uma dívida elevada o excesso é transferido para o orçamento do ano seguinte para ser liquidado.

A baixa autonomia tributária dos estados alemães e socorros financeiros aos estados excessivamente endividados são vistos como causa importante para os recentes episódios de endividamento de alguns estados daquele país. Nesse caso, o mercado financeiro não exerce o papel de disciplinador do endividamento, como nos Estados Unidos, pois a garantia de socorro do governo federal concorre para manter artificialmente baixo o risco das operações.

Baixa autonomia tributária e crença no socorro financeiro requerem regras fiscais rígidas e capazes de ser obedecidas para evitar que o endividamento público saia de controle. A esse respeito, o caso brasileiro é visto como um exemplo importante, apesar das ressalvas que especialistas nacionais fazem a respeito da não-implementação do dispositivo que prevê a definição de limites para o endividamento do governo federal. De outra parte, o mecanismo adotado nos contratos de refinanciamento da dívida de estados e alguns municípios com o governo federal, que prevê o seqüestro de receitas oriundas de transferências federais, é um poderoso instrumento para o fiel cumprimento das regras adotadas.

Da discussão travada no Fórum Mundial, uma combinação de regras fiscais com a disciplina imposta pelo mercado financeiro parece ser a melhor solução para conciliar a disciplina fiscal com a autonomia subnacional. Para tanto, como mencionado, a crença do mercado, e também dos contribuintes, a respeito de que não haverá socorro financeiro federal é essencial. Reformas que estão sendo discutidas na Índia e discussões técnicas a esse respeito no Brasil tentam avançar nessa direção.

Boa governança e qualidade dos serviços públicos

A preocupação com gestão pública e a responsabilização dos governantes (*accountability*) ocupou uma parte importante do tempo dedicado aos debates no Fórum Mundial. Dois aspectos são considerados fundamentais para que a descentralização fiscal produza os resultados que dela se espera com respeito a eficiência, eficácia e efetividade da gestão dos recursos públicos — uma menor dependência de transferências federais ou estaduais, e a existência de condições que permitam o efetivo controle dos governantes pelas respectivas comunidades.

Uma menor dependência de transferências acontece por causa das decisões relativas à repartição do poder de tributar. Num contexto de demandas por harmonização tributária e de exigências de concentração em bases tributárias amplas e de baixa mobilidade territorial, a redução da dependência de transferências pode ocorrer por meio do compartilhamento dessas bases tributárias e pelo maior espaço à cobrança direta dos usuários dos serviços prestados pelos governos locais.

Com respeito ao controle da sociedade, a transparência das decisões sobre o uso dos recursos, envolvendo a elaboração e a execução do orçamento, são requisitos importantes para os fins almejados. Para tanto, a disseminação do uso da tecnologia da informação no setor público é vista como uma arma poderosa a ser utilizada.

Existência de instituições de mediação de conflitos

Um aspecto muito importante para a harmonia na federação é a existência de instituições capazes de mediar conflitos de interesses. Em alguns casos, como no Canadá, os mecanismos utilizados com essa finalidade não são formalmente instituídos, mas essa não é a situação encontrada em outros casos relevantes para o Brasil, como a Alemanha, a Austrália e a Índia. A extinção da Comissão Assessora para Relações Intergovernamentais, que funcionava junto ao Congresso dos Estados Unidos, é o único caso de dissolução de um organismo que preenchia essa finalidade.

Na Alemanha, o "Bundesrat" é um fórum importante para a participação dos estados na elaboração de normas que interferem nos interesses da federação. Na Austrália, a Conferência de Primeiros Ministros e o Conselho de Empréstimos (este último aparentemente destituído de suas funções) operam como instâncias de negociação. Na Índia, a Comissão Financeira e a Comissão do Plano definem as regras aplicadas às transferências intergovernamentais e os programas de investimento voltados para a redução das disparidades regionais.

A inexistência de foros apropriados para mediar conflitos de interesses na federação brasileira é um aspecto que merece maior atenção em um projeto de reforma do federalismo fiscal.

2

Descentralização fiscal, harmonização tributária e relações intergovernamentais: como distintas federações reagem aos desafios da globalização

Marcelo Piancastelli*
Rogério Boueri**
Edilberto Pontes Lima***

O processo de globalização que vem se aprofundando na economia mundial nos últimos anos tem provocado mudanças na forma como os agentes econômicos se relacionam, sejam eles indivíduos, empresas ou governos.

No plano individual, novas possibilidades de consumo, de capacitação profissional e de integração cultural exigem que indivíduos e empresas desenvolvam capacidade de adaptação. Se por um lado a globalização descortina novos mercados e facilita o acesso e a difusão de novas tecnologias, por outro acirra a competitividade dos mercados e transforma rapidamente a forma de operação do regime capitalista.

A sociedade moderna convive com uma série de situações que eram completamente desconhecidas há algumas décadas. Ampliou-se a

---

* Diretor de Finanças Públicas e Estudos Regionais e Urbanos do Ipea. MA em economia pela University of Manchester (Reino Unido), PhD em economia pela University of Kent (Reino Unido). Foi coordenador econômico e tributário da Secretaria da Fazenda de Minas Gerais e secretário adjunto do Tesouro Nacional.
** Economista do Ipea e professor da Universidade Católica de Brasília.
*** Consultor legislativo da Câmara dos Deputados. Doutor em economia pela UnB.

integração das economias; os meios de comunicação e a tecnologia da informação sofreram verdadeiras revoluções; alterações geopolíticas profundas ocorreram, com a fragmentação territorial sendo a tônica mais freqüente, mas com a importante reunificação alemã constituindo notável exceção. O chamado Estado-providência enfrenta inúmeras dificuldades originadas principalmente da necessidade de profundos ajustamentos fiscais. O processo de urbanização se intensificou, com cidades que se tornaram verdadeiros centros do capitalismo mundial. Enfim, uma série de desafios se apresentam e põem em xeque certezas mais ou menos estabelecidas, com forte impacto no plano fiscal.

Os governos também não ficaram imunes a essas mudanças provocadas pela globalização. O debate a respeito contempla diversas dimensões, que envolvem a sustentação do equilíbrio fiscal, a responsabilização dos governantes, a capacidade do Estado para dar respostas adequadas às demandas da população, as tendências de isolamento de certas regiões e os conseqüentes riscos de insatisfação dos povos que sofrem com esse processo. Em particular, os impactos da globalização afetam os regimes federativos de governo, gerando oportunidades e desafios que precisam ser devidamente considerados.

Nesse contexto, importa saber se os regimes tributários vigentes conseguem atender a esses desafios e se a base da arrecadação está se estreitando diante das exigências da globalização da economia. Em outras palavras, como se assegura a eficiência e a competitividade econômica sem erodir a arrecadação de impostos? Em que medida a repartição de responsabilidades e de competências impositivas, que definem a natureza do federalismo fiscal, consegue dar respostas satisfatórias às necessidades do mundo contemporâneo, em especial no campo social?

Importa, ainda, indagar se as recomendações clássicas sobre repartição de poderes em regimes federativos, isto é, sobre o que centralizar e o que descentralizar, continuam válidas diante de tantos desafios e que dificuldades adicionais se apresentam a esse respeito.

Cabe ressaltar que as federações mundiais se desenvolveram sob condições econômicas, sociais e culturais bastante diversas, o que leva a especificidades de cada uma delas e a diferentes soluções para lidar com os desafios apontados. Por isso, um figurino comum não é encontrado e tampouco recomendado, posto que cada federação deve adequar suas instituições às suas próprias características e necessidades. Não obstante, a observação de experiências internacionais oferece lições importantes para a apreciação do caso brasileiro e elas são o objetivo principal deste livro. Nas próximas páginas, você encontrará elementos úteis para o debate sobre a reforma necessária para a federação brasileira enfrentar com sucesso os desafios impostos pela globalização.

Descentralização fiscal

Teoria e prática

Em anos recentes, o interesse na descentralização fiscal tem crescido enormemente em todo o mundo. Na Europa central e, mais recentemente, nos países do Leste europeu, as finanças públicas e as relações intergovernamentais têm buscado alternativas ao antigo sistema de planejamento centralizado. No mundo em desenvolvimento, um crescente número de países está adotando várias formas de descentralização fiscal como possível caminho para escapar das armadilhas de governos menos eficientes, da escassa eficácia na governabilidade pública, da instabilidade macroeconômica e do crescimento econômico inadequado.

A descentralização fiscal assume características próprias em regimes federativos, onde a repartição de poderes tributários e de responsabilidades públicas define o modelo de federalismo fiscal adotado e, por via de conseqüência, a eficiência na provisão de serviços públicos e o equilíbrio entre os diferentes governos subnacionais.

É muito conhecida a síntese de Musgrave (1959) sobre as funções do governo na economia, dividindo-as em alocativa, distributiva e estabilizadora. Como se sabe, a primeira corrigiria basicamente as chamadas falhas de mercado, a segunda amenizaria o fato da concentração de renda ser um resultado natural do capitalismo e a terceira suavizaria os movimentos do ciclo econômico, buscando assegurar o pleno emprego e a estabilidade de preços.

Com respeito a que esfera de governo deve se responsabilizar por cada função, o postulado básico é que a descentralização deve ser a regra na função alocativa (teorema da descentralização de Oates, 1972) e que funções distributivas e estabilizadoras devem estar majoritariamente a cargo do governo central, com os governos subnacionais exercendo ações complementares.

A defesa da descentralização baseia-se no argumento de que quanto mais próximo o governo estiver do cidadão, mais fácil será identificar suas preferências. Logo, o bem-estar social seria tanto maior quanto mais descentralizadas fossem as decisões de gastos. Desse argumento resultaria o princípio da subsidiariedade, que é como a literatura européia chama o teorema da descentralização de Oates, segundo o qual todas as tarefas públicas deveriam ser providas principalmente pelas esferas locais de governo. O papel dos governos estaduais e do governo central seria subsidiário, apenas nas funções em que a atuação fosse indispensável.

Além disso, a movimentação dos cidadãos em busca de locais que garantissem a melhor relação entre tributação e gasto público contribuiria para a eficiência do sistema (Tiebout, 1956). As exceções seriam a necessidade de assegurar os ganhos de economias de escala e a existência de externalidades, que recomendariam a provisão dos serviços pelos estados ou pelo governo central.

Já a função estabilizadora ficaria principalmente a cargo do governo federal, por ele dispor dos meios para atingi-la, valendo-se para tanto da política monetária e do recurso à tributação e aos gastos para exercer a política fiscal.

A função distributiva também não deveria ser descentralizada, porque seus efeitos tenderiam a ser limitados em virtude da mobilidade dos habitantes de cada localidade. Assim, um município que implementasse uma política eficaz de melhoria dos gastos sociais tenderia a atrair moradores das cidades vizinhas. Da mesma forma, o município que impusesse um ônus tributário maior aos habitantes de alta renda veria boa parte de seus moradores mais abastados mudando-se para municípios onde essa prática não fosse adotada. Além disso, gastos públicos dirigidos aos pobres em proporção superior ao de outras localidades atrairiam as pessoas mais carentes. Não é difícil prever que tais municípios sofreriam, depois de algum tempo, problemas de financiamento. Tal estado de coisas é o que justifica a distribuição de renda ficar majoritariamente a cargo da esfera mais alta de governo.

Tais recomendações, estabelecidas há muitas décadas, sofreram algum abalo com as profundas mudanças que a sociedade vem passando? Em especial, as exigências de maior disciplina fiscal, com a disseminação de regras fiscais, a intensificação da globalização econômica, a ampliação das demandas da população por maior transparência e prestação de contas, entre outros desafios, alteram o federalismo fiscal?

De início, nota-se que, na prática, a adesão a uma rígida divisão de responsabilidades é muito complicada. Afinal, como tornar compatíveis as vantagens da descentralização, deixando que estados e municípios controlem parcela substancial das receitas e tomem as principais decisões de gastos, com a necessidade de manter a função estabilizadora e distributiva centralizada? Quanto mais se descentraliza, de menos instrumentos dispõe o governo federal para exercê-las. Há, evidentemente, ganhos e perdas a serem considerados em decisões que envolvam o aprofundamento da descentralização *vis-à-vis* o pleno exercício de todas as funções governamentais.

Em federações com grandes diferenças de renda entre as unidades federadas, como é o caso da maioria — incluindo os EUA, como ressaltou William Fox em sua apresentação no Fórum Mundial sobre Federalismo Fiscal (2005), que lembra que o estado de Connecticut tem renda *per capita* nove vezes superior à do Mississipi —, uma substancial descentralização, principalmente das bases tributárias, implica o enfraquecimento das possibilidades do governo central promover a redução das disparidades. Se a maior parcela das receitas é administrada e arrecadada pelos estados, de que mecanismos dispõe o governo federal para promover a equalização? Uma possibilidade, embora mais complicada operacionalmente, é, como na Alemanha, estabelecer transferências horizontais, ou seja, os estados mais ricos transferem recursos para aqueles que não atingem um patamar de arrecadação próximo ao da média nacional.

Mesmo em federações mais homogêneas do ponto de vista espacial, persiste o problema das desigualdades pessoais de renda. Como já comentado, a livre mobilidade de pessoas e de capitais faz com que os governos estaduais e municipais sofram forte restrição para aplicar políticas mais distributivas, tanto do ponto de vista das receitas quanto dos gastos, sob pena de sofrerem fortes fluxos migratórios, restando ao governo federal exercer tal função.

Com respeito à função estabilizadora, o problema é ainda mais complicado. Ao administrar parcelas menos significativas das receitas e das despesas, o governo federal ficaria com menos instrumentos para aplicar a política fiscal. O impacto de alterações nos gastos e tributos federais sobre a demanda agregada se tornaria, portanto, pouco significativo. Em caso de inflação ou de depressão, como notam Bird e Ebel (2005), a capacidade do Estado para reagir seria muito menor, pois cada ente da federação poderia ter diferentes pontos de vista a respeito de como atuar. Formar um consenso para as ações governamentais de combate à inflação ou ao desemprego é sempre difícil quando o grau de descentralização é elevado, o que torna mais lenta e menos eficaz a resposta governamental.

Cabe acrescentar que, apesar dos seus méritos, a descentralização pode elevar os custos administrativos. Este é o caso específico do Brasil, em que prevalecem três esferas de governo distintas (governo central, governos estaduais e municipais) com autonomia política absoluta, garantida pela Constituição. Tal grau de independência e de autonomia na gestão dos recursos públicos leva a uma maior canalização desses recursos para a manutenção da máquina pública, em prejuízo dos gastos ou dos investimentos que tragam benefícios diretos para a população, em setores tais como educação, saúde, infra-estrutura econômica e em outras áreas de interesse social. Tal situação suscita a necessidade de se aperfeiçoar a qualidade do gasto público e a melhoria dos serviços públicos prestados à população.

Descentralização e autonomia

As relações federais de um país não são estáticas. Costumam evoluir ao longo do tempo, e a maneira pela qual um país organiza sua estrutura de governo é o resultado da sua história, da sua dimensão geográfica, das características de seu regime político e dos seus objetivos nacionais, que variam enormemente de um país para outro.

De qualquer modo, as escolhas federativas costumam envolver sempre os seguintes aspectos:

- que nível de governo faz o quê (ao se tratar da questão de alocação de responsabilidades);
- quais tipos de impostos são arrecadados pelos diferentes níveis de governo (ao se tratar da questão do financiamento);
- como são equacionados os inevitáveis desequilíbrios entre receitas e despesas (desequilíbrio vertical);
- como as instituições fiscais de governo devem ajustar-se diante das diferentes necessidades e capacidades das unidades federadas que compõem cada nível de governo (desequilíbrio horizontal).

Naturalmente, tais questões devem ser abordadas levando-se em conta as condições específicas de cada país e as respostas devem ser consistentes não apenas com a eficiência (alocação de recursos), com a eqüidade (distribuição) e com a estabilização econômica, mas também com os objetivos de crescimento econômico e de redução das disparidades regionais e sociais.

Na maioria dos casos ocorrerão conflitos, não apenas entre os objetivos, mas também entre a percepção daquilo que é desejável para o governo central bem como para os governos subnacionais. Sobretudo, como ocorre de fato em todas as decisões de políticas públicas, as relações fiscais intergovernamentais desenvolvem-se em ambientes com restrições políticas e econômicas, que refletem a influência regional e o peso de grupos políticos locais. Restrições econômicas, por sua vez, derivam do estágio de desenvolvimento de cada região, de sua dependência financeira do governo central e do estágio de desenvolvimento de cada uma delas.

Assim, o sistema de relações intergovernamentais de cada país reúne dimensões fiscais que variam conforme os seguintes aspectos: o número de governos subnacionais; o tamanho relativo de cada um deles e o nível de sua atividade econômica; o diferencial em termos de renda *per capita* e de riquezas naturais, o processo de formação da federação; a unidade geográfica e étnica de cada país; e de que maneira tais diferenças estão refletidas na estrutura política atual e na composição do Congresso Nacional.

Como observa Bird (2003), "dado que todos os países são diferentes e que nenhuma federação é igual a qualquer outra, comparações internacionais de regimes fiscais federativos são ao mesmo tempo difíceis de serem feitas e, mais ainda, de interpretar quando o forem".

Uma das principais manifestações da diversidade de situações encontradas se refere ao grau de centralização ou descentralização fiscal, isto é, ao grau de autonomia dos governos subnacionais. Se observarmos o Canadá, por exemplo, diferenças lingüísticas e culturais fazem com que a demanda por autonomia seja muito maior do que na Austrália, país mais homogêneo do ponto de vista cultural e político. Por isso, a resistência à centralização de bases tributárias é extremamente elevada naquele país, não havendo exclusividade na repartição de receitas tributárias, com cada ente federativo explorando as mesmas bases de arrecadação, conforme observa David Peloquin (2005). Mesmo com grande descentralização, em comparação com outras federações, a pressão por maior autonomia é muito grande. Mclean (2003) comenta que todas as províncias canadenses argumentam que o governo federal tributa mais do que o necessário e falha na distribuição da sua arrecadação para os governos subnacionais. A conseqüência, afirmam as províncias, é o governo federal acumular superávits fiscais, enquanto as províncias, pressionadas pelo aumento das despesas, notadamente em saúde, enfrentam dificuldades orçamentárias cada vez maiores.

Na Austrália, ao contrário, o governo federal arrecada 80% das receitas e gasta apenas 51%, transferindo o restante para os governos estaduais e locais (Anwar Shah).

No caso da Suíça, outra federação que apesar de geograficamente pequena, apresenta grandes diferenças culturais, inclusive lingüísticas, é elevado o grau de autonomia dos 25 cantões. Cada cantão estabelece sua própria legislação tributária, incluindo o imposto sobre a renda. Cada cantão fixa seus próprios mecanismos de controle do endividamento e não há possibilidade de o governo federal socorrer qualquer um deles. Como afirma Gebhard Kirchgässner, em sua apresentação no Fórum Mundial sobre Federalismo Fiscal (2005), é exatamente a autonomia tributária de cada cantão que dá os meios para que eles exercitem sua independência.

Na Alemanha, apesar da relativa homogeneidade cultural, o histórico de separação e posterior reunificação deixou conseqüências que se refletem substancialmente nas relações entre os entes federados. Como se sabe, os estados da antiga Alemanha Oriental apresentam renda *per capita* muito inferior à dos demais. A necessidade de equalização fiscal é, portanto, muito grande, fenômeno que Lars Feld chamou de federalismo cooperativo, principalmente do lado das receitas, com complexo mecanismo de equalização entre os entes federados.

Os estados alemães têm acesso a quase todas as bases tributárias, incluindo o imposto de renda e o IVA. A receita do IVA é utilizada para incrementar a posição fiscal dos estados mais pobres, até que estes atinjam o limite de 90% da média das receitas dos estados. O IVA remanescente é utilizado para equalização horizontal, com distribuição das receitas dos estados mais ricos para os estados mais pobres até o limite de 92% da média. Por fim, o governo federal complementa a distribuição, até que os estados mais pobres atinjam 97,5% da receita média (Lars Feld).

Uma das principais características do federalismo alemão é a capacidade dos estados de interferir no processo legislativo. Isso porque a

Câmara Alta (Bundesrat), composta por representantes dos estados, incluindo o primeiro-ministro de cada estado, tem poder de veto sobre toda a legislação que afete os estados, o que impõe negociações constantes entre governo federal e governos estaduais, inclusive sobre os mecanismos de equalização fiscal. A tabela 1 mostra os indicadores de descentralização nos países citados.

Tabela 1
Indicadores de descentralização: países selecionados (%)

País	Exploração de bases tributárias	Tributação — Receitas tributárias sob responsabilidade dos governos subnacionais (2002)	Gastos — Sob responsabilidade direta dos governos subnacionais (2000)	Transferências — Participação nas receitas dos governos subnacionais (2000)
Canadá	Todas as esferas de governo exploram as mesmas bases tributárias	44,1	63	12
Austrália	Principais bases tributárias controladas pelo governo federal	31,4	47	39
Suíça	Todas as esferas de governo exploram as mesmas bases tributárias	43,1	63	19
Alemanha	Governo federal e estados partilham a maior parcela das bases	28,7	59	18
EUA	A maior parte das bases tributárias é partilhada pelo governo federal e pelas esferas subnacionais	Não disponível	39	30

Fontes: Palestra de David Peloquin no Fórum das Federações 2005; OECD (2005).

Já a Índia é extremamente centralizada, com elevada concentração de poderes no governo federal (Renuka Viswanathan, 2005). Os 28 estados só arrecadam de 30% a 35% das receitas tributárias, mas respondem por 50% a 55% das despesas. Há, pois, grande volume de transferências do governo federal para os estados. Além disso, os estados não têm espaço para gerir seus déficits fiscais, cujos limites — bastante estreitos — são especificados pelo banco central.

A situação da Malásia é ainda mais extrema (Saiful Azhar, 2005), com os governos estaduais arrecadando pouco mais de 5% das receitas e recebendo substancial volume de transferências do governo federal. A maior parte das responsabilidades de gastos permanece, contudo, no governo federal. Saiful Azhar explica que a centralização é própria da cultura e da economia da Malásia e que as propostas de descentralização ali não prosperam, não havendo naquele país debate político relevante sobre o assunto. É interessante tal conclusão, porque o mesmo professor mostrou que, a despeito de não haver situações muito heterogêneas entre os estados, o país, do ponto de vista étnico e cultural, está longe de ser homogêneo. Como se sabe, a maior parte das experiências de aprofundamento da descentralização resulta de pressões por maior autonomia, em face da heterogeneidade cultural (Bird e Ebel, 2005).

A federação russa também é muito centralizada, com grande autoridade do governo federal e falta de autonomia tributária das suas 89 regiões. Segundo Andrei Burenin (2005), esse é um desafio a vencer, pois a falta de autonomia das regiões faz com que o custo do acesso ao crédito por parte dessas unidades federativas seja elevado, já que a maior parte da base tributária não está sob seu controle, o risco torna-se naturalmente mais alto, o que eleva os prêmios cobrados pelo sistema financeiro. Note-se que é precisamente a elevada capacidade tributária dos estados canadenses que, segundo David Peloquin (2005), possibilita que as províncias daquela federação apresentem baixa classificação de risco de crédito.

Segundo Burenin, há uma reforma em curso do processo orçamentário russo que busca, basicamente, ampliar a descentralização, particularmente as bases tributárias dos governos subnacionais, o que poderia contribuir para melhorar a avaliação do risco de crédito dessas esferas. Contudo, como ele próprio chama a atenção, as dificuldades para que isso ocorra são grandes, pois o fato de se tratar de uma economia em transição, faz com que suas instituições governamentais apresentem deficiências de funcionamento.

A maior ou menor descentralização de poderes também repercute sobre a importância dos mecanismos de equalização de recursos. As federações mais descentralizadas são menos dependentes de transferências de recursos para equalização. A experiência do Canadá talvez seja a mais extrema, com as transferências do governo federal responsáveis por apenas 12% das receitas das esferas subnacionais, ao passo que respondem por 39% na Austrália. Além disso, o fato de 44% das receitas totais naquele país serem de responsabilidade dos governos subnacionais mostra com clareza o elevado grau de autonomia das províncias canadenses. Na Austrália, de modo distinto, as esferas subnacionais são responsáveis por apenas 31% da arrecadação total, o que evidencia uma autonomia muito menor dessas esferas.

Descentralização, eficiência e eqüidade na provisão de serviços públicos

A descentralização fiscal tem vantagens visíveis: pode melhorar o acesso aos bens públicos e permitir maior responsabilidade fiscal no nível local. Isto pode ocorrer por conta de melhores controles sobre como os governos locais utilizam os recursos públicos e atribuindo aos gestores de recursos públicos responsabilidades específicas, o que pode tornar os governos mais eficazes. No entanto, ela pode permitir que o nível da despesa pública não seja exatamente compatível com as restrições macroeconômicas, exceto naqueles casos excepcionais em que os objetivos sejam coincidentes ou exista um adequado grau de integração político-administrativa. Em particular, ela pode acentuar as disparidades econômicas e sociais.

As vantagens da descentralização, em termos de provisão de bens públicos e de eqüidade, dependem também da capacidade local de gestão e de tributação. Os ingredientes mais importantes para melhorar o nível de vida das regiões menos favorecidas, tanto de imediato quanto a longo prazo, são os investimentos em infra-estrutura — estradas, oferta de água potável, saneamento e eletricidade, além da provisão de serviços de saúde, de educação e de assistência social. Entretanto, existe sempre a preocupação de que governos subnacionais, sujeitos a menor supervisão e insuficientemente dotados de capacidade de planejamento e de mecanismos de controle da responsabilidade fiscal, possam não ter capacidade de propiciar oferta adequada de infra-estrutura e de bens públicos.

Nos Estados Unidos,[1] aceita-se a idéia de que os governos subnacionais possuem capacidade de gestão apropriada, assim como são capazes de gerir a oferta de bens públicos de maneira adequada. A maioria dos estados possui elevado grau de "autonomia fiscal", uma vez que não dependem fundamentalmente de transferências constitucionais ou legais para cumprir suas obrigações fiscais. A existência de estados mais pobres com renda *per capita* substancialmente inferior à média nacional é na maioria das vezes atribuída ao desempenho de políticas locais, resultado da atuação dos representantes do público nas respectivas instituições dos governos locais.

O quadro 1 resume características que refletem a natureza da descentralização encontrada em três das mais importantes federações mundiais: Austrália, Canadá e Estados Unidos.

Em países heterogêneos, com maior amplitude geográfica e discrepâncias sociais e regionais acentuadas, ainda que prevaleçam transferências intergovernamentais fixas e garantidas por normas constitucionais, os conflitos entre os diferentes níveis de governo são inevitáveis, mesmo quando os governos subnacionais procuram atender aos anseios legítimos de sua população.

---

[1] Fox, 2005.

Quadro 1
Características da descentralização na Austrália, Canadá e Estados Unidos

Austrália	Canadá	Estados Unidos
Vantagens – descentralização de recursos baseada na necessidade de demanda; propostas de descentralização de recursos intensamente negociadas em foro, estabelecidas para tal finalidade antes de serem encaminhadas ao Parlamento. Métodos de controle e gestão de recursos descentralizados eficientes. Desvantagens – sistema de descentralização altamente burocratizado.	Vantagens – descentralização de recursos observa critérios de capacidade fiscal comparada entre as províncias; volume de recursos descentralizados observa também necessidade de demanda por bens e serviços públicos; intenso processo de negociação entre as províncias e o governo central. Desvantagens – mecanismos de descentralização não garantem eqüidade, pois as províncias ricas em recursos naturais não concordam em transferir recursos para as mais pobres; disponibilidade de recursos para equalização aquém das necessidades.	Vantagens – não existem mecanismos constitucionais nem regras fixas para descentralização de recursos de equalização; mecanismos para provisão de oferta de bens e serviços definidos por programas de governo, especialmente no setor saúde; não há estrutura administrativa para tratar de disputas federativas além do Congresso. Desvantagens – persistem elevados diferenciais de renda *per capita* entre os estados; descentralização depende da capacidade econômico-financeira e de gestão de cada estado.

Na Austrália, a harmonização dos interesses dos governos locais com o governo central requer excessiva, dispendiosa e complexa atividade administrativa. As transferências intergovernamentais são definidas após longo e penoso processo de negociação conduzido em um fórum estruturado para lidar com as relações federativas, que é composto por um conselho de mais de 60 membros, com representantes dos estados, do governo central e do corpo técnico próprio.

Uma das principais atribuições desse conselho refere-se à definição das dotações orçamentárias a serem atribuídas a cada estado. A negociação obedece a estritos princípios de equilíbrio macroeconômico requeridos pelo governo central e tem em vista a equiparação de um padrão de vida comum e de oportunidades para todos os habitantes em cada um dos estados australianos, levando em conta o esforço fiscal de cada um deles. O resultado dessa negociação é objeto de um extenso relatório anual preparado para subsidiar as discussões que levam à elaboração do orçamento e posterior aprovação no Parlamento.

No Canadá persiste uma difícil articulação entre as províncias ricas e as menos favorecidas. Embora o padrão de acesso a bens públicos não seja tão diferente quanto nos países em desenvolvimento, ainda existem discrepâncias importantes quanto à riqueza de determinadas províncias (como Alberta, British Columbia, Ontário e Quebec) em relação às demais que, em grande parte, são explicadas pela dotação local de recursos naturais (petróleo, gás natural e outras riquezas minerais). A transferência de recursos — o quadro 2 nos mostra algumas modalidades e seus impactos — para sustentar a oferta de bens públicos (educação, saúde, assistência social) leva em conta as necessidades específicas de cada província. Atualmente, o governo central canadense transfere cerca de 1,5% do produto interno bruto (PIB) para suprir tais necessidades. Estima-se que para ser atingida a eqüidade no padrão de atendimento seriam necessárias transferências da ordem de 11% do PIB,[2] o que torna inviável esse objetivo diante da reação e da disputa entre as províncias.

---

[2] Peloquin, 2005.

Quadro 2
Modalidades de transferências e seus impactos

Tipo de transferência	Descrição	Vantagens	Desvantagens	Exemplos
Condicional aberta	São vinculadas a determinadas aplicações. Muitas delas requerem contrapartidas dos governos recipientes (*matching grants*). O termo aberta refere-se ao fato de não haver limite superior estabelecido.	São utilizadas para ampliar programas locais que geram externalidades e que seriam realizados em quantidades subótimas se deixados somente às expensas dos governos subnacionais.	Por não possuírem limites superiores, podem ficar além dos limites orçamentários do doador.	A grande maioria das transferências federais norte-americanas enquadram-se nesta categoria.
Condicional fechada	São vinculadas a determinadas aplicações e seu valor total é preestabelecido.	Utilizadas com fins de equalização de determinados serviços públicos entre as unidades federativas.	Por serem limitadas, podem não aproveitar todas as potenciais externalidades.	Transferências realizadas pela Planning Commission indiana destinada a financiar projetos estaduais específicos naquele país. Municipal Basic Services Grant da África do Sul.
Incondicional	São as que não dependem de contrapartida dos governos recipientes, são recursos livres para eles.	Dá autonomia aos governos receptores que podem por si mesmos decidir em que programas gastar.	Pode produzir tendência à acomodação fiscal. FPE e FPM brasileiros.	Transferências equalizadoras do governo central às províncias canadenses.
Voluntária	Transferência realizada à discrição do governo doador sem imposição legal.	Permite ao governo federal lidar com situações imprevistas ou emergenciais.	Pode gerar critérios de distribuição calcados na lógica política e não na eficiência econômica.	Convênios entre o governo federal e estados ou municípios que não são impostos por lei.

O complexo sistema de relações intergovernamentais do Canadá foi rotulado como uma "diplomacia-federal-provincial". As transferências obedecem a um sofisticado critério de cálculo do potencial de arrecadação de cada província e visam equalizar a capacidade fiscal delas tomando por referência a média das 10 províncias mais desenvolvidas (o número de províncias utilizado para o cálculo da média tem variado ao longo do tempo, de acordo com a conveniência do governo central). A escassa população de algumas províncias é também levada em conta no cálculo dos montantes de recursos a serem repassados. A experiência canadense mostra ainda importante aspecto: não há base tributária inexplorada nem superposta. Diferentes tributos, sejam eles federais ou locais, não podem explorar uma mesma base, tal como ocorre no Brasil. Há, contudo, acordos de cooperação para coleta de tributos e, em alguns casos, até mesmo terceirizadas, em que empresas ou entidades não necessariamente governamentais, são encarregadas de coletar tributos.

Nos Estados Unidos não existe um sistema fixo de transferências fiscais intergovernamentais. Persiste um regime federativo cooperativo sem arranjos predeterminados. A federação americana é flexível e o Congresso extinguiu o Comitê de Relações Intergovernamentais. Nos Estados Unidos, adotou-se a prática de implementar programas do governo central com a contrapartida de recursos dos governos estaduais (*matching grants*) e, ao mesmo tempo, adotou-se programas de transferência de renda e assistência social diretamente a pessoas (tais como assistência médica, seguro-desemprego, assistência alimentar, entre outros).

A Alemanha adota, como foi visto, um complexo sistema de transferências intergovernamentais. Coexistem transferências verticais e horizontais, e a receita do IVA é a principal fonte de recursos delas. Não existem, contudo, dispositivos constitucionais fixos que determinem os percentuais de repasses. O volume das transferências é fruto de duro processo de negociação entre o governo central e os estados, embora tenha se mantido relativamente estável ao longo do tempo.

Quadro 3
Mecanismos de equalização fiscal

Alemanha	Austrália	Canadá
Transferências do governo central oriundas da arrecadação do imposto sobre valor adicionado. Transferências entre estados mais ricos e estados mais pobres. Negociações são efetivadas no Parlamento. Critério predominante é a igualdade de oportunidades para o acesso a bens e serviços públicos.	Transferências para equalização dependem da demanda local por bens e serviços públicos. Há fundo nacional com recursos financeiros para equalização; e origens dos recursos são dotações orçamentárias. Complexo processo de negociação, em conselho federativo intergovernamental, até que proposta final seja incluída no orçamento e aprovada pelo Parlamento.	Transferências dependem da demanda local por bens e serviços públicos e da capacidade fiscal de cada província. Intenso processo de negociação entre províncias e governo central. Persistem discrepâncias no acesso a bens e serviços públicos dada a disparidade existente entre províncias mais ricas em recursos naturais e aquelas mais pobres.

Para promover a igualdade de oportunidades para os habitantes dos estados mais pobres da Alemanha, o instrumento utilizado são os repasses do imposto sobre valor adicionado (IVA). O objetivo, conforme mencionado, é elevar a capacidade fiscal dos estados mais pobres a 92%, em alguns casos, chegando a 97,5%, da média nacional. Assim, fica a cargo dos estados a provisão de bens e serviços públicos e a responsabilidade pela eficiência na utilização dos recursos recebidos. Educação, por exemplo, é atribuição única e exclusiva dos estados.

A experiência federalista da Alemanha, rotulada como "federalismo cooperativo", comumente associada a uma visão de sucesso, não está isenta de dificuldades. O endividamento dos estados continua sendo um tema a ser equacionado. A proposta de equilíbrio horizontal — transferências dos estados mais ricos para os mais pobres —, na opinião de alguns especialistas,[3] tem emitido incentivos equivocados. Por fim, a ca-

---
[3] Feld, 2005.

pacidade de deliberação do Parlamento depende do apoio dos estados, sem o que o governo central se veja imobilizado para aprovar legislação de interesses outros que não os estritamente federativos.

Existem dúvidas quanto à viabilidade de longo prazo do chamado "federalismo cooperativo" alemão, que contribuiria para reduzir a competitividade da economia como um todo, pois pode estar emitindo sinais de incentivos equivocados. Depois da anexação da ex-Alemanha Oriental, as disparidades de nível de vida e de competitividade econômica têm representado enorme dreno de recursos que poderiam ser utilizados mais eficientemente em outras regiões do país. Há um elevado custo social envolvido em tal sistema: a Alemanha tem apresentado níveis de crescimento econômico inferiores à média dos países desenvolvidos e o nível de desemprego tem se mantido, por mais de uma década, bastante elevado: em torno de 10%.

Brasil e Nigéria adotam percentuais fixos para as transferências de recursos federais a estados e municípios. No Brasil, a Constituição determina os percentuais a serem repassados aos estados e aos municípios, com base na arrecadação de dois importantes impostos federais: o imposto de renda em todas as suas modalidades de arrecadação (IR) e o imposto sobre produtos industrializados (IPI). O montante de recursos repassados alcança 47% da arrecadação total de tais tributos, o que desestimula o governo central a continuar usando-os como principal instrumento fiscal, tal como ocorre em sistemas tributários modernos e eficientes.

As transferências constitucionais, no caso brasileiro, são essencialmente redistributivas e não levam em conta a capacidade de arrecadação ou o esforço fiscal desempenhado pelas unidades federadas, sejam estados ou municípios. Tal postura não considera o conceito de equalização adotado pelos países desenvolvidos, que leva em conta o potencial de arrecadação de receitas próprias e a necessidade de despesas para aí procurar, de alguma forma, cobrir a defasagem de recursos total ou parcialmente. Além das transferências a estados e municípios, programas de transferência de renda direta a pessoas foram recentemente implementados no Brasil com grande dinamismo. Mesmo assim, persistem, por várias décadas, desequilíbrios acentuados de renda entre as regiões e elevado diferencial de acesso a bens públicos entre as regiões mais pobres e as mais ricas.

A adoção de percentuais fixos na Constituição tem a vantagem de não permitir ao governo central margem para redução das transferências, porém tem o grave inconveniente de não observar as contingências macroeconômicas. Além disso, a dependência de transferências não estimula a busca por maior eficiência na arrecadação de impostos de competência dos governos subnacionais e nem o compromisso com metas econômicas e sociais compatíveis com o volume de recursos transferidos.

A Nigéria apresenta um modelo de federalismo determinado por contingências históricas e étnicas. Não se pode afirmar que há um sistema estruturado de transferências fiscais intergovernamentais. Nesse país, que atualmente tem seis estados e um distrito federal, há tendência para a criação de mais governos subnacionais, o que, de certa forma, fortalece o governo central. Isso porque a dependência financeira média dos estados, em relação ao governo central, é de 80%, variando entre 35% e 95%. Cerca de 70% da arrecadação total desse país depende das receitas do petróleo. Tal concentração faz com que o governo central detenha grande poder econômico e político. Estados como o River State e o Delta Niger recebem cerca de 13% do total da arrecadação oriunda do petróleo, enquanto outros estados mais pobres pouco ou quase nada recebem. Os estados que não recebem com periodicidade definida recursos do governo central apresentam elevado nível de desemprego, escolas fechadas e ausência de hospitais e de postos médicos com capacidade mínima de atendimento adequado. A equalização fiscal é operacionalizada pela Comissão de Alocação de Recursos, cujas decisões, costumeiramente, são tomadas em bases *ad hoc*, variando com os interesses do governo central ou com a coalizão de interesses políticos.

Vejamos então, no quadro 4, um comparativo da equalização nos três países já citados: Brasil, Índia e Nigéria.

Quadro 4
Equalização e transferências: Brasil, Índia e Nigéria

Brasil	Índia	Nigéria
Transferências constitucionais Têm o objetivo de reduzir disparidades regionais das regiões Norte e Nordeste em relação às demais; baseiam-se em três indicadores: inverso da renda *per capita*, população e área; não estão vinculadas a nenhuma meta de equalização específica e por isso têm sido mostradas ineficientes. *Transferências legais* Têm, sobretudo, caráter setorial nas áreas de educação, saúde e assistência social; foram substancialmente ampliadas após a Constituição de 1988; e têm gerado efeitos positivos em termos de equalização na provisão de serviços públicos. *Transferências diretas de renda a pessoas* De implementação recente, voltadas para famílias de baixa renda; têm efeitos positivos na redução do nível de pobreza, mas necessitam de aperfeiçoamentos na sua execução e gestão.	*Transferências constitucionais* Implementadas por meio de decisões de um grande número de conselhos, entre os quais se destacam o Conselho de Planejamento, a Comissão de Finanças e o Conselho Interministerial, que é encarregado de dirimir disputas entre os entes federados. *Transferências legais* São efetivadas por meio de um vasto número de subsídios e têm sofrido restrições de volume por conta do ajuste das contas públicas e da redução do déficit público.	*Transferências constitucionais* Implementadas de maneira diferenciada entre os diversos estados, pois os estados produtores de petróleo recebem maior volume de recursos que os estados não-produtores. *Transferências legais* Têm caráter *ad hoc* e variam de acordo com o contexto econômico e político do país.

Das experiências colhidas no seminário, com respeito a condições para que a descentralização fiscal concorra para o aumento da eficiência e da eqüidade na provisão de bens públicos, cabe destacar alguns. Primeiro, o processo de decisão necessita ser "democrático", no sentido de que os custos e os benefícios das decisões sejam transparentes e todos diretamente afetados tenham oportunidade de influenciar as escolhas sobre alternativas de alocação de recursos. Segundo, os administradores locais devem ser responsáveis pelos custos de qualquer decisão por eles tomada. Mecanismos tais como a "exportação de impostos" ou o recurso a financiamento provido por outros níveis de governo, excetuados os de relevante interesse nacional ou estadual, devem ser evitados. A recomendação a respeito é a de que governos locais devem, sempre que possível, procurar consolidar bases tributárias próprias e estáveis, deixando claro a eventual defasagem entre recursos arrecadados e necessidades locais. Naturalmente, regiões mais pobres e áreas urbanas deprimidas sempre necessitarão de transferências de renda para sustentar condições sociais aceitáveis. Mesmo em tais casos, responsabilidades política e econômica são indispensáveis.

Por fim, a responsabilidade administrativa. Trata-se, na verdade, da utilização de claro arcabouço legal que especifique quem é o responsável por tal tarefa, que prestação de contas é necessária e para quem os relatórios sobre as condições de implantação dos projetos ou das ações de governo devem ser encaminhados e com qual periodicidade. Se o aumento na eficiência e na eqüidade na provisão de bens públicos for o objetivo, aqueles encarregados de gerenciar tal tarefa devem ser "responsabilizados" por aqueles que pagam e por aqueles que, em última instância, são ou deveriam ser os beneficiários.

Descentralização e disciplina fiscal

A disciplina fiscal tornou-se uma questão central ao redor do mundo nos últimos anos. De experiências como o Tratado de Maastricht na União Européia, passando pela "Fiscal Responsibility Act" da Nova Zelândia, até a Lei de Responsabilidade Fiscal no Brasil, há inúmeros exemplos de como o tema adquiriu relevância nos últimos tempos.

De fato, testemunharam-se diversas iniciativas dos governos para a criação de mecanismos que permitissem maior rigor nas contas públicas. As opções variaram de regras que impuseram auto-restrições para os governos em matérias de gastos, de endividamento e limites para déficit público, até a criação de mecanismos para ampliar o controle social, e a transparência das contas.

As condições para que a descentralização fiscal seja bem-sucedida em termos macroeconômicos são limitadas, especialmente nos países em desenvolvimento. Contudo, em muitos países, a exigência para que as esferas subnacionais participem mais efetivamente do esforço de equilíbrio fiscal tem se ampliado. É o caso do Brasil, da Índia e da Rússia, por exemplo. Assim, a responsabilidade pela função estabilizadora tende a ser mais dividida. Cria contorno o diagnóstico de que apenas o esforço do governo federal é insuficiente para garantir a sustentabilidade fiscal. No Brasil, por exemplo, desde os acordos de renegociação de dívidas dos estados e municípios, diversas restrições foram impostas aos estados. A privatização da maior parte dos bancos estaduais foi outra, medida nesse sentido. A Lei de Responsabilidade Fiscal impôs rigorosos limites para as três esferas de governo.

Na Índia, observa-se que muitos estados promoveram leis de responsabilidade fiscal antes do governo federal e que este não tem conseguido cumprir as suas metas. Lá, informa Renuka Viswanathan, tanto o governo federal quanto alguns governos estaduais recorrem freqüentemente a diversas formas de "contabilidade criativa" para contornar as metas fiscais. Tal contabilidade criativa envolve a consideração como receita do governo de arrecadação que ainda vai ingressar, de subestimar determinadas despesas e de desconsiderar potenciais passivos para o setor público. A experiência brasileira é rica e ilustrativa de tais práticas, com a exclusão de despesas com servidores inativos das despesas de pessoal, com a não-contabilização de certas receitas, práticas para se atingirem formalmente determinadas metas exigidas pela Lei de Responsabilidade Fiscal (Affonso, Khair e Oliveira, 2006).

É verdade que, em muitas federações, o esforço das esferas subnacionais para uma maior disciplina fiscal ainda não se fez sentir. Na Alemanha, por exemplo, segundo Lars Feld, os limites de endividamento e de déficit compromissados com a União Européia são de responsabilidade exclusiva do governo federal. A adesão das esferas subnacionais é voluntária e, na prática, tem contado com baixa participação.

Quadro 5
Regras fiscais e descentralização
(países selecionados)

País	Tipo de regra	Responsabilidade pela legislação	Adesão das esferas de governo
Índia	Quantitativa e de procedimento	Descentralizada	Voluntária
Brasil	Quantitativa e de procedimento	Federal	Obrigatória
Alemanha	Quantitativa	Federal	Voluntária
Suíça	Quantitativa	Descentralizada	Voluntária
EUA	Quantitativa*	Descentralizada	Voluntária
Austrália	Não tem regra		
Canadá	Quantitativa e de procedimento*	Descentralizada	Voluntária

* O governo federal não segue nenhuma regra fiscal específica.

Tem sido argumentado que, em muitos casos, a descentralização não só tem fracassado em melhorar a provisão de bens públicos locais, mas também pode aumentar o risco de instabilidade macroeconômica, que é maior quando as transferências do governo central para os governos locais reduzem a disponibilidade de recursos para financiar programas de governo de interesse nacional, enquanto os governos locais não se empenham em elevar o esforço fiscal nas suas próprias regiões para equilibrar receita e despesa.

A experiência internacional sugere, como foi o caso da Rússia, que se um país descentraliza mais responsabilidades que recursos para os governos locais, dois efeitos emergem: ou a provisão de bens públicos deteriora-se ou os governos locais passam a pressionar o governo central para elevar as transferências, obter empréstimos ou ambos. Em última instância, há perda de qualidade na provisão de serviços seguida por deterioração fiscal. Naqueles casos em que há maior transferência de recursos que responsabilidades, a tendência é de que a posição fiscal dos governos locais se enfraqueça, pois estes deixam de arrecadar e, assim, surgem os desequilíbrios macroeconômicos.

Em geral, em razão da preocupação com os desequilíbrios macroeconômicos, recomenda-se que sejam impostos limites ao endividamento dos governos subnacionais. O receio é que governos locais, dependentes de transferências do governo, aumentem seus gastos correntes acima de suas capacidades de arrecadação e passem a cobrir a diferença por meio de empréstimos. Austrália, Canadá e Estados Unidos não interferem na autonomia dos governos locais de contraírem operações de crédito e deixam a cargo do mercado financeiro avaliar o risco financeiro de tais empréstimos. Entretanto, fica a cargo dos contribuintes locais a decisão de pagar mais impostos em virtude de gastos excessivos e de contratação de empréstimos ou reduzir o nível das despesas. O Brasil, recentemente, impôs rígidas normas para controlar a contratação de empréstimos para todos os níveis de governos subnacionais. Na Alemanha, o nível de endividamento dos governos locais permanece como tema atual e controverso e não há ainda definição clara de como o assunto será resolvido. Na Nigéria, empréstimos a governos subnacionais são concedidos sem regras explícitas.

Há, contudo, a visão de que, ao se imporem limites e regras fixas para atuação fiscal dos governos locais, corre-se o risco de produzir mais efeitos adversos que positivos. A ausência de regras pode fazer com que os governos e os contribuintes tenham que sujeitar-se às leis do mercado e, por isso, passem a ser mais responsáveis do ponto de vista fiscal. Em geral, a prescrição teórica, em relação aos problemas do endividamento dos governos subnacionais, consiste na não-adoção de subsídios ou mesmo em permitir que governos subnacionais corram o risco de ir à falência. Instituições de créditos devem estar, por sua vez, cônscias de que o governo central não adotará medidas de socorro financeiro.

A possibilidade de socorro do governo federal conta bastante para a postura fiscal de governos subnacionais. Sem essa hipótese, a necessidade de manter elevada disciplina fiscal torna-se maior. Afinal, o sistema financeiro vai observar a postura fiscal de cada ente para estabelecer seus prêmios de risco e eventualmente racionar o crédito. Além disso, a capacidade maior ou menor de cada esfera de arrecadar — podendo autonomamente aumentar as alíquotas e a base dos impostos — conta muito para reduzir o risco de crédito de cada governo subnacional. Assim, a impossibilidade de socorro do governo federal é fortemente compensada pela autonomia fiscal das esferas subnacionais, o que naturalmente as induz a uma disciplina nesse campo. É o caso da Suíça e do Canadá, por exemplo, onde não há histórico de resgate por parte do governo federal e os prêmios de risco da maior parte das províncias é muito baixo, o que, segundo David Peloquin, é atribuído à elevada autonomia tributária de que desfrutam.

Quadro 6
Governos subnacionais e endividamento público

Mecanismos de controle
Alemanha O elevado endividamento de governos subnacionais permanece como dificuldade da federação ainda sem uma definição precisa sobre os mecanismos de controle e ajuste. O endividamento público continua sendo o principal mecanismo de ajuste das finanças públicas.
Austrália Não há mecanismo único proposto pelo governo central nem pelos governos das províncias; níveis de endividamento e de modalidades ficam a cargo dos respectivos governos provinciais e de sua capacidade de pagamento. Motivação e interesse para contratação de operações de crédito ficam a critério dos governos provinciais. Volume de endividamento fica a critério de negociação entre os governos provinciais, bem como o mercado financeiro privado em aceitar os riscos da operação. Contratação de operações de crédito externas apenas com autorização do governo central.
Brasil Todos os estados e alguns municípios tiveram suas dívidas financeiras refinanciadas pelo Tesouro Nacional em 1998. Governos subnacionais (estados e municípios) estão impedidos de emitir títulos públicos sem autorização do Senado Federal e só podem fazê-lo mediante concordância do Tesouro Nacional, por força de lei que autorizou o refinanciamento de suas dívidas financeiras.

continua

Mecanismos de controle
Estados estão obrigados a ajustar, em médio prazo e com regras fixas, o nível de endividamento ao valor teto equivalente a duas vezes sua receita corrente líquida. Municípios estão obrigados a ajustar, em médio prazo e com regras fixas, o nível de endividamento ao valor teto equivalente a duas vezes sua receita corrente líquida. Governos subnacionais que estiverem com nível de endividamento superior ao dobro do valor de sua receita corrente líquida sofrem sanções e estão impossibilitados de receber transferências livres do governo federal. Operações de crédito externas com organismos multilaterais apenas com garantias do Tesouro Nacional e autorização do Senado Federal. *Canadá* É responsabilidade de cada província administrar seu nível de endividamento público. Volume e modalidades de dívida pública ficam a cargo das respectivas províncias e dependem de negociação com o mercado financeiro em acatar riscos. Províncias mais ricas têm mais liberdade para contratação de operações de crédito. Províncias mais pobres e mais dependentes das transferências do governo central podem sofrer restrições para contratação de operações de crédito por comprometerem sua capacidade fiscal. *Estados Unidos* É responsabilidade dos estados e dos municípios administrarem seus níveis de endividamento público. O nível de endividamento depende de sua respectiva capacidade fiscal e do mercado financeiro em acatar riscos. Não há regras fixas para endividamento público doméstico ou externo. *Nigéria* Não há autonomia por parte dos governos subnacionais para contratarem operações de crédito. Contratação de operações de crédito apenas mediante autorização e garantias do governo central. Prevalecem critérios políticos para concessões de autorização para contratação de operações de crédito.

Globalização e descentralização

Um dos grandes desafios impostos pela globalização às federações é conciliar a melhoria da capacidade competitiva dos países com a busca pela diminuição das disparidades regionais. Como diversas regiões de cada país apresentam disparidades com respeito à qualidade da infra-estrutura econômica, e de outros requisitos necessários à competitividade em escala global, os impactos da globalização vêm se manifestando de forma regionalmente distinta. Logo, regiões economicamente mais avançadas conseguem uma vantagem competitiva que não está ao alcance daquelas em que o grau de desenvolvimento é menor. Assim, a globalização pode acentuar as disparidades regionais, já que as regiões inicialmente mais ricas são as mais preparadas para tirar vantagem do processo, o que faz crescer o fosso que as separa das regiões mais pobres.

Em paralelo, a maior mobilidade das bases tributárias, que resulta da globalização, tem um claro efeito limitador sobre a capacidade dos governos de extrair receitas. A tributação sobre a renda, o estoque e os ganhos de capital torna-se mais difícil, pois os fatos geradores podem migrar para outros países com muito mais facilidade do que há alguns anos. Um efeito evidente desse processo é que a capacidade de instituir e manter sistemas muitos progressivos de impostos sobre a renda fica comprometida (Tanzi, 1994).

Além disso, a intensificação do comércio eletrônico traz dificuldades adicionais. Ainda está longe de ser satisfatória a capacidade de tributar operações realizadas pela internet. Há problemas em tributar mercadorias tradicionais compradas eletronicamente e, principalmente, bens que são comprados e entregues virtualmente, como softwares, músicas, filmes etc. Tais dificuldades atingem tanto o governo federal quanto os governos subnacionais que, em boa parte do mundo, dependem da cobrança de impostos sobre vendas.

Em muitos casos, tal situação tem sido enfrentada pelo aumento no grau de centralização do poder em resposta à necessidade de coordenação política, para que o país possa enfrentar adequadamente os novos desafios do capitalismo global. Em grande parte dos países onde ocorre a centralização, ela se caracteriza pela concentração nas mãos do governo federal do poder tributário. A vantagem neste caso viria tanto dos ganhos de escala quanto da capacidade de harmonização dos tributos.

Se a resposta às dificuldades de tributação for uma maior centralização, como mecanismo de defesa do Estado ante contribuintes mais voláteis, as transferências terão que ser ampliadas. Não há ainda evidências definitivas de que isso esteja ocorrendo de forma significativa, mas dados da OCDE indicam que alguns países passaram por tal processo de forma mais forte. No Japão, por exemplo, a receita tributária dos governos locais sobre a receita tributária total diminuiu 12,7% entre 1995 e 2002. O mesmo se deu no México, onde tal participação foi reduzida em quase 14% no mesmo período. Na Alemanha, por sua vez, tal redução foi de apenas 0,3% no mesmo período. Em compensação, na Suíça, tal participação aumentou 5,1%. A tabela 2 mostra os dados para alguns países.

Tabela 2
Variação na autonomia tributária dos governos subnacionais entre 1995 e 2002 (países selecionados)

País	Receitas tributárias dos governos subnacionais (% das receitas totais)
Alemanha	−0,3
Áustria	−0,1
México	−16,6
Japão	−12,7
Suíça	5,1

Fonte: *OCDE in figures*, 2005.

Outra conseqüência relevante da globalização refere-se a desafios que geram a sustentação da integração das economias nacionais. A redução de barreiras de comércio entre países pode tornar economicamente inviáveis operações comerciais que antes eram realizadas internamente. Os fluxos comerciais entre os estados podem, portanto, diminuir. É plenamente possível que estados ou regiões percam mercados internos para outros países. Desse modo, consumidores de estados que consumiam automóveis de outras regiões do país podem passar a importá-los do exterior, da mesma forma que frutas adquiridas de estados da federação podem passar a ser compradas no exterior. Aumenta, portanto, o risco de isolamento econômico de certas regiões.[4]

---

[4] No Canadá, os movimentos separatistas de Quebec têm, como parte do argumento, o fato de sua alta integração com a economia americana ter tornado sua sobrevivência econômica fora da federação canadense economicamente viável (Bird e Ebel, 2005).

Com a centralização tributária aumentam os desequilíbrios verticais e, em tese, a capacidade do governo central para implementar políticas de desenvolvimento regional ou ampliar a transferência de recursos para estados e municípios com essa finalidade. No entanto, a utilização de transferências, especialmente as voluntárias, para a contenção das disparidades regionais é um tema controverso. Se por um lado transferências aos estados mais pobres podem melhorar a qualidade dos serviços e por essa via favorecer o desenvolvimento, por outro, transferências incondicionais podem provocar acomodação tributária, uma vez que os estados beneficiados podem considerar que os fluxos financeiros advindos do governo federal são suficientes para a manutenção de uma situação fiscal precária, contudo estável. Outro argumento contrário às transferências não-condicionais encontrado freqüentemente na literatura é a existência do efeito *fly paper*, segundo o qual recursos oriundos de tributação própria tenderiam a ser gastos mais produtivamente do que os oriundos de transferências. Quando se trata de transferências voluntárias, a possibilidade de desperdício é maior, uma vez que essa modalidade tende a associar-se ao favorecimento de regiões politicamente mais influentes.

Quadro 7
Modalidades de transferências

Livres	Condicionadas
Vantagens Podem se sujeitar a restrições macroeconômicas (orçamentárias e fiscais) do governo central. Podem induzir critérios de alocação obedecendo a acordos suprapartidários durante processo de aprovação no Congresso Nacional. *Desvantagens* Podem estar sujeitas a clientelismo político.	*Vantagens* Tendem a ser compatíveis com programas de governo e seus objetivos macroeconômicos ou sociais. Tendem a obedecer a critérios de alocação explícitos e, assim, estarem mais próximas de carências básicas na provisão de bens e serviços públicos sujeitos a critérios de avaliação. *Desvantagens* Podem ser impeditivas para o acesso de estados ou de municípios mais pobres com incapacidade de gestão.

A questão regional é particularmente importante na Índia, pois em função das fortes disparidades regionais existentes, os efeitos da globalização são sentidos desigualmente pelos estados. Os estados indianos mais ricos têm tido melhores condições de suportar as pressões fiscais e ainda assim manter investimentos em infra-estrutura. Com isso, tais estados têm menos perda de produtividade na produção local. Como esses estados já são em geral os mais ricos, esse processo tem ocasionado uma acentuação das disparidades regionais indianas. Logo, a globalização tem provocado impacto positivo sobre os estados mais ricos, enquanto dificulta a situação dos mais pobres. Tal situação é originária de fatores econômicos e institucionais particulares de cada região e demanda mecanismos eficientes de equalização para atenuá-la. Existe uma forte demanda por regras individualizadas, pois a simetria no tratamento dos entes federativos não resolveria a desigualdade entre eles.

A transição de uma economia planejada para o sistema de mercado tem trazido transformações importantes para o desenvolvimento econômico e político daquele país. A coalizão de centro que governa o país é cada vez mais dependente do apoio dos governos provinciais. Estes, por sua vez, ao perceberem que são decisivos para os projetos do governo federal, buscam extrair o máximo de vantagem dessa posição. Esse comportamento se manifesta em situações onde a atuação cooperativa levaria ao melhor resultado para o conjunto dos estados, mas na qual cada estado individualmente se beneficiaria ainda mais se atuasse de maneira não-cooperativa.

Pode-se usar o esforço fiscal dos estados como um exemplo. Se todos os estados membros de uma federação explorarem adequadamente suas bases fiscais, as necessidades de transferências se reduzirão. No entanto, para cada estado, a melhor situação é aquela na qual os outros estados fazem um alto esforço fiscal, enquanto ele próprio afrouxa a pressão sobre os seus contribuintes, de modo a se beneficiar da maior capacidade do governo federal para transferir recursos em virtude da ação dos outros estados. O problema é que como todos os estados têm a mesma estrutura de incentivos, o resultado será o baixo esforço fiscal de todos eles e a falta de recursos na federação, a menos que o governo central exerça a função de coordenação.

O federalismo indiano padece de desequilíbrios tanto no sentido vertical (entre as esferas de governo) quanto no sentido horizontal (entre os governos estaduais). O desequilíbrio vertical é caracterizado pela diferença entre a proporção de receitas arrecadadas em nível estadual e a proporção dos gastos estaduais quando contrastados com seus equivalentes federais. Os estados, que têm autonomia sobre as suas alíquotas de imposto, arrecadam cerca de 41% da receita total daquele país enquanto seus gastos correspondem a 58% do gasto público total.[5]

Em termos horizontais, vários são os indicadores que expõem o desequilíbrio, a começar pelas rendas estaduais *per capita* que podem variar em até 600%. Tais desigualdades horizontais são agravadas pelo sistema de cobrança de impostos na origem. Nessa situação, os estados mais ricos, que em geral também são os estados com maior produção, são capazes de exportar seus tributos para os estados menos desenvolvidos, que são consumidores líquidos. Tal situação tem demandado uma utilização crescente de transferências discricionárias para os estados mais pobres que, porém, continuam sendo uma fatia pequena das transferências totais, e como as transferências obrigatórias guardam correlação com a capacidade de arrecadação estadual, as transferências federais não têm tido impacto suficiente sobre as disparidades regionais.

Uma alternativa para tentar dotar os estados mais pobres dos recursos necessários às melhorias infra-estruturais requeridas para o desejado aumento de produtividade e, conseqüentemente, de competitividade, seria a criação de um mercado para os títulos públicos estaduais na Índia. A existência desse mercado poderia ampliar a capacidade de financiamento estadual. No entanto, existe o risco de os governos estaduais utilizarem o poder de emissão de títulos de forma inadequada. Para que

---

[5] Às esferas de governo são atribuídas funções chamadas de "listas". Algumas das funções são concorrentes ou compartilhadas, as chamadas "listas concorrentes".

um mercado de títulos públicos seja eficiente na provisão de recursos para o financiamento do desenvolvimento, e para que seja também simultaneamente disciplinador dos níveis de débito estaduais, é necessário que o governo federal possa se comprometer de forma crível com a regra de não socorrer estados excessivamente endividados, deixando que os próprios estados resolvam seus problemas financeiros. No entanto, a perspectiva de que o governo central deixe um estado já empobrecido sofrer as conseqüências sociais de um colapso financeiro parece pouco realista. Por essa razão, existe um forte apelo prático para que o poder de emissão de títulos seja restrito ao governo federal.

O problema regional indiano é de difícil solução. Os efeitos das medidas descentralizadas tomadas no âmbito estadual são, no mínimo, duvidosas. As anistias fiscais estaduais, por exemplo, parecem não alcançar os impactos desejados. Talvez a melhor solução esteja na melhoria da infra-estrutura, de forma a permitir o deslocamento dos fatores de produção para as regiões mais promissoras.

A melhoria da infra-estrutura como estratégia para ampliar a competitividade externa e diminuir as disparidades regionais também é um desafio para a África do Sul. A deficiência de infra-estrutura na África do Sul é exacerbada pelas taxas de juros elevadas. O alto custo de remuneração do capital, bem como a sua volatilidade, dificultam a viabilização de projetos de infra-estrutura que, em geral, possuem longos períodos de maturação.

O quadro sul-africano, no entanto, é bem menos problemático do que o observado na maioria das outras nações africanas. Por exemplo, não obstante as dificuldades apontadas, a África do Sul é o maior receptor de investimentos externos no continente africano, devido à sua relativa estabilidade institucional e à sua poderosa indústria extrativa mineral.

Em termos de integração à economia global, a África do Sul tem conseguido obter vantagens competitivas por meio de acordos bilaterais com países de fora do continente africano. Embora seu governo pareça se empenhar em desenhar acordos com os vizinhos continentais, tais negociações têm se mostrado mais truncadas do que aquelas realizadas com países distantes. Por outro lado, as empresas da África do Sul não são protegidas de competição interna e esse fato tem provocado severos impactos sobre a indústria do país. Tem havido, por exemplo, uma extensa destruição de postos de trabalho especialmente na indústria têxtil. A competição com a China tem sido particularmente danosa às províncias de Natal e Western Cape. Por outro lado, o esforço sul-africano de redução unilateral de tarifas alfandegárias também tem impactos negativos sobre os acordos com outras nações africanas.

Um problema sul-africano é a incapacidade dos órgãos públicos federais de executar seus orçamentos. Tal deficiência poderia ser combatida pela descentralização na provisão de bens públicos, o que poderia facilitar a execução dos projetos necessários. Mas a existência de transferências intergovernamentais que perseguem múltiplos objetivos também não ajuda. Existem transferências equalizadoras cujo objetivo é dotar as localidades mais pobres dos recursos mínimos necessários à prestação de serviços públicos básicos às suas populações, bem como outras destinadas ao incentivo de atividades geradoras de externalidades positivas, como educação e saúde.

A globalização e a integração à União Européia repercutiu com particular intensidade nas regiões da Espanha. A integração européia trouxe efeitos benéficos para a economia espanhola, tais como o acesso privilegiado aos mercados dos outros países europeus, a organização das contas públicas etc. Mas houve também efeitos indesejados, como uma maior dificuldade para a cobrança de impostos sobre rendas de capital e sobre bases intangíveis, como o setor de prestação de serviços.

A resposta espanhola a esses desafios consistiu no fortalecimento da cobrança do imposto de renda pessoal. Tal tributo arrecada cerca de 30% da renda bruta pessoal espanhola e pode ter alíquota marginal de até 40%. O imposto de renda das empresas é integrado ao cobrado sobre a renda pessoal para que seja evitada a dupla tributação. Já o imposto sobre valor agregado (IVA) tem cobrança centralizada e tem contribuído para favorecer a competitividade internacional.

Em relação à questão das desigualdades regionais, a participação direta do governo central tem sido fundamental para o equilíbrio fiscal das regiões espanholas. Quando uma província sofre um choque econômico negativo, o governo central age no sentido de reforçar o orçamento fiscal dela, minimizando o impacto de tal choque sobre a capacidade provincial de prestação de serviços. Mas a despeito da ação positiva do governo central, alguns autores têm detectado uma reversão da tendência de convergência econômica entre as províncias espanholas que vinha sendo observada nas últimas décadas, indicando que a globalização e o ingresso na União Européia também cobram o seu preço em termos de favorecer diferencialmente as regiões mais ricas.

O agravamento das disparidades e das tensões regionais pode abrir um fértil terreno para a discussão sobre as vantagens de pertencer a uma federação, o que tem estimulado movimentos separatistas. Anwar Shah chamou a atenção para os casos de secessão, que fizeram com que o mapa mundial tivesse 160 países em 1975 e atualmente tenha mais de 200. Ou seja, torna-se menor a vantagem de fazer parte de um país extenso, visto que os ganhos da integração interna se reduzem com a maior possibilidade de integração de certos estados com o exterior. O desafio é manter a coesão, criando mecanismos que amenizem os efeitos das forças centrífugas geradas pela globalização.

Bird e Ebel (2005) discutem amplamente se a descentralização fiscal contribui para a manutenção da unidade nacional ou se pode facilitar a desintegração. Concluem que não há uma única resposta, que o resultado depende do modelo de federalismo e dos contornos políticos e culturais de cada nação. Apontam, no entanto, algumas "regras" para que o federalismo e o aprofundamento da descentralização fortaleçam mais do que enfraqueçam a unidade nacional.

Entre elas, incluem uma definição clara de responsabilidades de gastos entre cada esfera de governo e a transferência da responsabilidade pela administração da maior parte dos tributos e a fixação das respectivas alíquotas para as esferas subnacionais; um sistema de transferências intergovernamentais que leve em conta a solidariedade nacional, mas também considere os esforços de arrecadação de cada local, o que implicaria tanto transferências não-condicionadas — para atingir objetivos de eqüidade — quanto as condicionadas, para atender a certos objetivos nacionais, com execução local. Além disso, o endividamento de cada esfera de governo teria que ser restringido por controles centrais, que deveriam ser substituídos paulatinamente por controles do próprio mercado; por fim recomendam a criação de um fórum de resolução de conflitos entre as várias esferas de governo, como forma de assegurar que eles contem com mecanismos adequados de expressão e de solução.

Na contramão dos impactos provocados por forças centrífugas geradas pela globalização, há também a possibilidade de ocorrência do efeito contrário: para evitar o isolamento e aumentar a competitividade, muitos países podem querer se integrar, se organizando como uma federação. A experiência da União Européia é exemplificativa desse tipo de movimento. Embora ainda não sejam formalmente uma federação, os países europeus executaram diversos passos nessa direção, superando enormes divergências políticas, culturais e lingüísticas, como observou Lars Feld em sua exposição.

Harmonização fiscal

Harmonização tributária e políticas de desenvolvimento regional

Um aspecto central do federalismo fiscal é o dilema entre a descentralização dos impostos, que confere mais autonomia e *accountability* aos governos locais, e a necessidade de uma harmonização tributária que minimize o desperdício de recursos fiscais. Segundo Shah (2001), a descentralização tributária apresenta várias vantagens, tais como a tendência de alinhar o provimento dos serviços públicos às reais necessidades dos cidadãos, reforçar a responsabilidade dos governos locais, melhorar a qualidade e adequar a quantidade dos serviços públicos, além de disciplinar e reduzir aumentos indesejados do setor público. Por outro lado, a descentralização tributária também pode levar a resultados indesejados, tais como o enfraquecimento do mercado interno e o agravamento das guerras fiscais entre os governos subnacionais.

Um aspecto de particular relevância em processos de harmonização tributária é a necessidade de remover barreiras ao comércio interestadual, o que ocorre quando uma parte preponderante de um imposto sobre mercadorias e serviços é cobrado na origem. O imposto cobrado na origem possui a desvantagem de induzir a exportação tributária. Um estado produtor estaria apto a extrair recursos fiscais dos contribuintes localizados nos estados consumidores e isso poderia levar a uma majoração das alíquotas acima do que seria socialmente desejável. Um aspecto prático e relevante quando se trata de transformar um imposto cobrado na origem em outro cobrado no destino é a dificuldade política com a qual tal modificação se defrontará, dada a resistência dos estados que perderão recursos — em geral os estados produtores — que tenderão a utilizar todo seu poder e influência para deter essa modificação.

A harmonização tributária interna pode ser vista como um requisito para a integração regional, como parece ser o caso do Mercosul. Porém, em outras circunstâncias, a integração regional atua como catalisadora da harmonização interna. Um exemplo dessa segunda situação é dado pelo relacionamento do governo central espanhol e o governo do País Basco, que é uma região autônoma daquele país europeu. Tendo uma longa tradição de autonomia, que por vezes se transforma em impulso separatista, o País Basco mostrava-se fortemente refratário à harmonização fiscal espanhola. Tal resistência refletia-se principalmente na concessão de benefícios fiscais às empresas estabelecidas naquela região, prática que vai de encontro à legislação tributária espanhola. Com a entrada da Espanha na União Européia, tal resistência foi vencida, uma vez que as normas da Comunidade Européia tiveram que ser aceitas em todo o território espanhol, inclusive no País Basco.

No caso indiano, por exemplo, a dupla cobrança de impostos sobre os produtos exportados de um estado para outro, tem gerado conseqüências indesejáveis, como a existência de impostos em cascata e inúmeros regimes tributários especiais. A questão da harmonização fiscal naquele país relaciona-se à necessidade de aumentar a competitividade internacional. O que ocorre lá é que os estados não formam uma zona de livre mercado entre si e produtos que têm que transitar pelo país perdem competitividade, já que pagam impostos nos estados de origem e de destino. Esse problema deverá ser enfrentado em breve, pois o alto grau de autonomia tributária estadual — que os estados são extremamente relutantes em abrir mão — tem levado à divisão do território indiano em várias zonas de tributação, o que complica o gerenciamento fiscal das empresas e dificulta a competitividade de itens cuja produção é realizada em mais de um estado.

A harmonização visa desonerar os produtos produzidos naquele país, buscando o aumento de sua competitividade internacional, mas pode trazer efeitos colaterais indesejados como o aumento de competitividade da produção indiana reduzir as arrecadações estaduais e diminuir sua capacidade de investimento na melhoria da infra-estrutura.

Já a África do Sul é vista pelos próprios habitantes como uma comunidade de estados mais ou menos independentes que para se integrar necessitam desenvolver um processo de harmonização tributária. O federalismo sul-africano é caracterizado por uma subexploração das bases tributárias dos governos subnacionais. O governo federal cobra imposto sobre a renda pessoal e das empresas. As províncias poderiam tributar a renda pessoal (*surchages*), mas não o fazem por falta de estrutura fiscal adequada. Os governos locais coletam um imposto sobre propriedade cujas alíquotas são estabelecidas centralmente e são homogêneas. Existe a perspectiva e a necessidade de que seja dada mais autonomia tributária aos governos locais. As províncias sul-africanas não têm prerrogativas de endividamento e nem autonomia para decisões sobre investimento estrangeiro. Tais decisões cabem ao governo central.

Quadro 8
Medidas de harmonização fiscal

Tipo de medida	Efeitos sobre a federação	Exemplos
Centralização tributária	Minimiza a possibilidade de guerras fiscais entre os entes federados. Diminui a autonomia dos governos subnacionais. Se não for associada a critérios rígidos de repartição pode dar ensejo à distribuição política dos recursos.	Impostos sobre a renda, o consumo e a produção, na Malásia, são diretamente arrecadados pelo governo federal e repassados aos estados. O imposto de renda e o IPI são arrecadados pelo governo federal e repartidos com estados e municípios no Brasil
Harmonização por intermédio de leis	Unificação, ou pelo menos aproximação, das alíquotas dos impostos estaduais e da distribuição de subsídios. Elimina a competição fiscal entre os estados. Diminui a autonomia dos governos subnacionais que, no entanto, não ficam tão dependentes do governo federal como no caso da mera centralização tributária.	Proposta da unificação das alíquotas do ICMS estadual no Brasil. Acordo firmado entre os países da União Européia que fixa bandas para as alíquotas dos IVA nacionais.
Políticas tributárias federais compensatórias	Dá liberdade aos estados para determinar suas próprias alíquotas, que são posteriormente equalizadas pelas alíquotas diferenciais federais.	Imposto de renda no Canadá. *Exise taxes* sobre fumo e bebidas nos EUA.

Na Malásia, não só a arrecadação, mas também os gastos, são concentrados no governo central. A harmonização tributária é obtida por meio da centralização dos poderes nas mãos do governo central. O governo federal malaio tributa a renda, a propriedade, o consumo e a produção, arrecadando anualmente cerca de 30 bilhões de dólares americanos. Já os estados podem cobrar tributos especiais (*exise taxes*) bem como direitos e *royalties* sobre a produção de petróleo, extração mineral, vegetal etc. A arrecadação estadual total na Malásia em 2005 foi de cerca de US$ 2 bilhões. As responsabilidades do governo central abarcam educação, saúde, e comunicações, além daquelas consideradas tradicionais, como defesa, política macroeconômica etc. Já os 13 estados malaios são responsáveis pelo abastecimento de água, pela rede de esgotos, o desenvolvimento e manejo dos recursos naturais e pelo zelo com a religião e os bons costumes.

A centralização tem facilitado a adoção de políticas desenvolvimentistas focalizadas no crescimento dos setores exportadores, visando a integração ao mercado mundial, e a atração deliberada de investimentos estrangeiros, especialmente nas áreas intensivas em capital. A existência de um governo central com extensivos poderes e credibilidade internacional parece ter facilitado muito a atração de capitais internacionais para a Malásia. No entanto, a concentração de poderes no governo central e o seu alto grau de discricionariedade induzem as províncias a aderirem ao governo central, restando pouco espaço para vozes dissonantes tão benéficas ao processo democrático. Assim, embora a centralização pareça ter surtido efeito positivo no caso malaio, não se pode concluir daí que ela será apropriada para outros países federativos com estruturas econômicas, sociais, demográficas e políticas distintas.

No caso espanhol, a harmonização veio antes da descentralização tributária. Tais medidas foram implementadas a partir de 1998, quando a Lei Orgânica de Financiamento das Comunidades Autônomas foi introduzida. Essa lei foi inspirada nos regimes tributários canadense e alemão. A reformulação do sistema tributário daquele país, realizada a partir de 1978, suprimiu todos os impostos sobre vendas que gravavam o consumo de bens de luxo e o comércio por atacado. No lugar desses tributos foi instituído um imposto sobre valor agregado (IVA), de competência federal, nos moldes exigidos pela União Européia aos países que pretendiam a ela se associar.

Tabela 3
Arrecadação tributária e gastos por esfera de governo em países selecionados

País	Gastos públicos (% do PNB)	Gastos dos governos subnacionais (% do gasto público total)	Arrecadação dos governos subnacionais (% da arrecadação total)
Espanha (1997)	41,7	35,0	13,8
Suíça (1997)	36,9	49,3	35,5
Alemanha (1997)	45,8	37,8	28,8
Suécia (1997)	59,8	36,2	31,4
EUA (1997)	33,0	46,4	32,9
Brasil	32,6	39,5	36,0
Malásia	28,4	77,6	93,1

Fonte: World Development Report 2000, World Bank, Washington DC, 2000.

Depois da implementação dessa lei, e da conseqüente harmonização tributária obtida, as províncias foram habilitadas a tributar. Suas bases tributárias são a propriedade, as transferências pessoais, heranças, além de impostos seletivos sobre jogos de azar e turismo. Além das bases tributárias próprias, as províncias têm acesso a 35% do IVA e 40% dos impostos seletivos federais, além de 1/3 do total arrecadado pelo imposto de renda. A cobrança do imposto de renda pessoal é de alçada federal, contudo as províncias e as regiões autônomas podem adicionar uma sobrealíquota e conceder créditos tributários. Já os governos municipais podem taxar propriedades, bem como pequenos negócios. Também podem cobrar contribuições de melhorias.

Como as bases tributárias tendem a se tornar mais móveis na economia global, a necessidade de harmonização tributária deverá assumir uma importância crescente nos países cujos sistemas tributários existentes causem prejuízos à competitividade internacional.

Aspectos relativos ao funcionamento de regimes federativos

Melhoria do atendimento ao cidadão

As diversas modificações que a sociedade vem enfrentando também envolvem profundas alterações na qualidade dos serviços oferecidos pelos governos. A educação precisa mudar para estar em sintonia com as necessidades presentes e futuras. Os jovens e as crianças precisam ser preparados para um mundo que muda muito mais rapidamente do que há 20 anos. Isso envolve mudanças pedagógicas significativas, pesados investimentos em equipamentos e na formação de professores.

Além disso, a universalização da educação tende a produzir cidadãos muito mais cientes de seus direitos, exigindo muito mais presteza nos serviços públicos. As pressões por aumento da qualidade são inevitáveis. Claro que tal movimento é extremamente salutar, mas envolve enormes desafios para atender aos anseios de cidadãos cada vez mais exigentes.

Na área de saúde pública, o desafio é enorme. Os procedimentos mais modernos são, em geral, muito caros. Além disso, o progressivo envelhecimento da população traz repercussões não apenas previdenciárias, mas extremamente relevantes na área de saúde. Com a longevidade, as pressões por aumento de despesa nesse grupo da população crescem consideravelmente. Recente relatório da OCDE observa o fato com preocupação, anotando que "se as tendências recentes continuarem, os governos terão de aumentar impostos, reduzir gastos em outras áreas ou forçar as pessoas a assumirem uma parcela maior dos custos para manter os atuais sistemas de atenção à saúde".

A tabela 4 mostra o aumento dos gastos públicos com saúde em alguns países entre 1993 e 2003. Nota-se que apenas no Canadá tal gasto não cresceu como proporção do PIB. Nos EUA e na Suíça, o crescimento foi próximo de dois pontos percentuais do PIB. Em todos os países, o gasto *per capita* cresceu substancialmente no período.

Tabela 4
Gastos com saúde em países selecionados

País	Gasto total sobre o PIB (%) 2003	Gasto total sobre o PIB (%) 1993	Gasto per capita (US$ PPP) 2003	Gasto per capita (US$ PPP) 1993	Gasto público (% dos gastos) 2003	Gasto público (% dos gastos) 1993
Austrália	9,3	8,2	2.699	1.542	67,5	65,9
Canadá	9,9	9,9	3.003	2.014	69,6	72,7
Alemanha	11,1	9,9	2.996	1.988	78,2	80,2
Suíça	11,5	9,4	3.781	2.401	58,5	54,3
EUA	15	13,2	5.635	3.357	44,4	43,1

Fonte: *OCDE in figures*, 2005.
Obs.: Inclui o gasto público e gasto privado em saúde.

Além dos procedimentos médicos mais caros, o envelhecimento da população explica boa parte dessa evolução. Os dados da tabela 5 abrangem um período maior do que a tabela de gastos com saúde, mas mostram com clareza a mudança da estrutura etária, com o envelhecimento da população em países selecionados.

Tabela 5
Estrutura etária da população (%)

País	Menos de 15 anos 2004	Menos de 15 anos 1960	Entre 15 e 64 anos 2004	Entre 15 e 64 anos 1960	65 anos e mais 2004	65 anos e mais 1960
Austrália	19,8	30,2	67,3	61,3	13	8,5
Canadá	17,9	33,7	69,1	58,7	13	7,6
Alemanha	14,3	21,3	66,4	67,8	19,3	10,8
Suíça	16	23,2	67,9	66,1	16,1	10,7
EUA	20,7	31	66,9	59,7	12,4	9,2

Fonte: *OCDE in figures*, 2005.

Como o setor público, que tende a enfrentar dificuldades crescentes para aumentar a carga tributária, conseguirá dar respostas satisfatórias para essas questões? Certamente que profundas alterações na gestão pública terão de ser implementadas, com o aumento da eficiência do gasto e a ampliação da transparência das contas públicas no centro das preocupações.

Com respeito à eficiência da gestão pública, as experiências com administração pública gerencial, em maior ou menor grau, parecem ser bem-sucedidas (Kelman, 2004). Elas envolvem maior flexibilidade e delegação de funções, o desenvolvimento de indicadores claros de controle e de desempenho e a introdução de mecanismos de mercado nas ações de governo, assegurando, quando possível, a competição entre diferentes departamentos governamentais, a visão do cidadão como cliente, o uso intensivo de tecnologia da informação, a reorganização das compras governamentais, entre outras providências.

Todas as esferas de governo serão afetadas pela busca de transparência e eficiência, o que deverá favorecer uma maior descentralização pois, como se sabe, os governos locais estão mais próximos da população, o que pode facilitar um maior controle da comunidade sobre a atuação de seus governantes. Anwar Shah menciona ainda as possibilidades de aumento da democracia direta, com a utilização mais freqüente de mecanismos de consulta de governos locais à população sobre decisões de gastos. Se o caminho apontado por Shah se confirmar, a descentralização deverá ampliar-se, com os governos subnacionais assumindo grande parte das responsabilidades de gastos. Na tradicional classificação de Musgrave, a função alocativa se concentraria nessas esferas.

Nessa perspectiva, os consórcios intermunicipais e interestaduais podem ser um desenho institucional interessante, ajudando a dar respostas satisfatórias às exigências crescentes da população. Eles podem envolver desde pequenas ações pontuais a programas de longo prazo, nas áreas de saúde, de educação, obras públicas, serviços administrativos, entre outras atividades. A principal vantagem são os ganhos de escala, já que o compartilhamento permite que se realizem investimentos maiores cujos custos fixos têm amortização longa, e se reduzam custos operacionais de diversas atividades governamentais. Por exemplo, os serviços de contabilidade, de suporte técnico e manutenção de equipamentos de informática, a manutenção de hospitais e faculdades de referência que podem servir a várias cidades, entre inúmeras outras atividades, podem perfeitamente ser consorciadas, dispensando a necessidade de cada município atuar isoladamente, dispondo sozinho de todos os equipamentos. Tal solução não retira dos municípios o controle sobre os serviços, conseqüentemente não deixa o cidadão distante dos fóruns de decisão e execução, e preserva os ganhos de escala que as operações em esferas mais altas de governo geralmente envolvem. No Brasil, há diversas experiências bem-sucedidas nesse campo, principalmente na área de saúde (Teixeira et al., 2005).

O tema *accountability* tem posição de destaque no tocante às relações dos governos com seus cidadãos. Bird (2003) lista as seguintes condições que os governos subnacionais deveriam seguir:

- os governos subnacionais deveriam cobrar por todos os serviços ofertados (se a cobrança é impossível ou muito difícil, eles deveriam tributar seus cidadãos, dependendo o mínimo possível do governo federal);
- quando houver dependência do governo federal, os governos subnacionais deveriam prestar contas ao governo central e este seria impedido de socorrer governos indisciplinados;
- a transparência das contas públicas deveria ser total, para assegurar as condições anteriores e permitir o controle social e do mercado.

O autor reconhece que nenhum país do mundo segue estritamente tais regras, mas que muitos países estão muito mais longe de as observarem do que outros. Pelo seminário, pode-se citar como pertencendo a este último caso a Rússia, citada pelo próprio Bird, a Nigéria, a Índia, e a Malásia, entre outras que ainda têm um longo caminho a percorrer. Canadá e Suíça são exemplos de federações que estariam mais próximas das condições mencionadas.

Disparidades e assimetrias

Outro aspecto importante para o desenho de relações intergovernamentais diz respeito à aplicação de regras simétricas aos entes federados.

Se, por um lado, a existência de padrões uniformes favorece a disciplina fiscal e a sensação de unidade e justiça entre os entes de uma federação, por outro, pode não ser a maneira mais eficiente para se lidar com os problemas específicos de cada região e, em particular, para atacar a crescente desigualdade regional que tem sido provocada pela globalização.

Regras assimétricas têm sido colocadas em prática por diversas federações. Tomando-se como exemplo o caso espanhol, vemos que ele é caracterizado pela existência de vários regimes especiais, notadamente no que diz respeito ao tratamento dado às regiões autônomas. Tais diferenciações são resultado tanto do reconhecimento de que situações assimétricas podem demandar regras assimétricas, quanto do fato de que concessões tiveram que ser realizadas para evitar pressões separatistas, em especial no País Basco. Por exemplo, os impostos sobre a renda empresarial na Espanha são centralizados, não sendo permitido às regiões nenhum tipo de ingerência sobre eles. As exceções são as regiões autônomas de Navarra e do País Basco, onde os governos regionais decidem sobre esses impostos de forma descentralizada.

Outro exemplo marcante de aplicação de regras assimétricas vem do Canadá. Grande parte das transferências federais daquele país toma a forma de transferências condicionais abertas destinadas especialmente às áreas de educação pós-secundária, saúde e bem-estar social, que pela constituição canadense são atribuições das províncias. Esse aumento da participação federal no financiamento dos gastos provinciais agradou à maioria das regiões canadenses, mas obteve forte oposição por parte da província de Quebec, que considerava isso uma espécie de intrusão federal em suas responsabilidades.

Para lidar com a divergência foi criada uma regra pela qual Quebec poderia optar pela diminuição da alíquota do imposto de renda federal a ser cobrada de seus cidadãos ao invés de receber diretamente as transferências federais. Com isso, abriu-se espaço para o aumento da alíquota do imposto provincial sobre a renda, o que por sua vez gerou uma fonte de financiamento alternativa para os programas daquela província, fonte esta independente do governo central.

Quadro 9
Tipos de assimetrias nas federações

Tipo de assimetria	Descrição	Exemplos
Financeira	A distribuição de recursos, ou sua captação, varia inversamente com a capacidade fiscal do receptor.	Fundos de equalização e de repartição.
Constitucional	São assegurados a certos estados ou províncias (ou municípios) direitos não extensivos às outras unidades federativas.	Direito de cobrar impostos corporativos às regiões de Navarra e ao País Basco na Espanha. Direito à província de Quebec, no Canadá, de limitar à sua discrição o ensino da língua inglesa em seu território.
Opcional	Estados (províncias) ou municípios podem optar entre duas ou mais regras mutuamente excludentes.	No Canadá, as províncias podem optar pelo recebimento de *matching grants* destinadas ao financiamento parcial de seus programas, ou por uma diminuição da alíquota do imposto de renda federal que amplia o espaço para a cobrança do imposto de renda provincial.

Com a intensificação do processo de urbanização ocorrido ao longo do século XX, e que ganhou velocidade nos últimos 30 anos, a assimetria de situações ganhou nova feição e ampliou as dificuldades para implementar sistemas eficientes de descentralização fiscal com base em regras simétricas.

Enquanto apenas 10% da população viviam nas cidades no início do século passado, no século XXI o número já supera os 50%. Há, no mundo, 19 megacidades, 15 das quais nos países em desenvolvimento (Sirkis, 2003). Enquanto em 1970, apenas 24,7% da população dos países subdesenvolvidos viviam nas cidades, calcula-se que em 2015 tal percentual alcance 49,3% (UN, 2001). Entre 1970 e 1995, a taxa anual de urbanização nos países em desenvolvimento foi de 3,8% (UN, 2001). O relatório da ONU conclui:

Para o bem ou o mal, o desenvolvimento dependerá em grande parte da capacidade para compreender e administrar o crescimento das cidades. As cidades se tornarão cada vez mais o lugar onde serão testadas a qualidade das instituições políticas, o desempenho das organizações governamentais e a efetividade dos programas de combate à exclusão social, de proteção e reparo do meio ambiente e de promoção do desenvolvimento humano.

De Soto (2001) analisa longamente as conseqüências do processo de urbanização nos países em desenvolvimento, principalmente o crescimento das atividades fora da legalidade, como o mercado informal e as moradias sem registro de propriedade. A proliferação de camelôs, de favelas, de bairros inteiros com residências sem nenhum título que comprove a propriedade, além, obviamente, do aumento da criminalidade, são manifestações desse fenômeno. Segundo ele, as populações das principais cidades do Terceiro Mundo quadruplicaram nos últimos 40 anos e mais de 50 cidades desses países terão mais de 5 milhões de habitantes em 2015.

Outra questão que diferencia as grandes cidades é que algumas delas se tornaram centros de operações de pessoas físicas e de empresas transnacionais que operam em escala internacional, as chamadas "cidades mundiais" (Tsukamoto e Vogel, 2004). Há cidades como Nova York, Londres, Paris e São Paulo, por exemplo, que são verdadeiros centros de decisões econômicas que têm impacto sobre muitas outras cidades e até países. Isso seria um dos resultados da globalização, possível pelo avanço das telecomunicações e pelo natural crescimento e fusão de empresas, que teriam criado uma divisão global de trabalho, sendo as "cidades mundiais" parte essencial das redes globais.

A maior parte da literatura especializada argumenta que tal fenômeno abriria espaços para uma maior descentralização, já que as administrações municipais das grandes cidades teriam que possuir estruturas mais fortes para lidar com essa nova situação (Knox, 1997; Keating, 2000). Como tais cidades tendem a ser extremamente populosas, boa parte dos argumentos que justificam a centralização perderia o sentido, uma vez que cidades enormes apresentam escala de produção suficiente para prover qualquer bem ou serviço público e para manter qualquer estrutura administrativa.

Tsukamoto e Vogel (2004), no entanto, encontraram evidência, a partir da análise de 20 "cidades mundiais", que, em 2/3 dos casos, as cidades mundiais induzem à maior centralização. As razões são várias, incluindo a necessidade de assegurar que os valores e a cultura nacional sejam preservados (Paris), a necessidade de maior planejamento econômico (Cingapura) e de maior controle governamental (Hong Kong), pela maior necessidade de disciplina fiscal ante a globalização (São Paulo), entre outras razões.

Uma das soluções para o problema de assimetria de regras — cuja necessidade aumenta com a urbanização —, que tem aparecido na literatura, é o estabelecimento de parâmetros a partir dos quais uma localidade possa pedir tratamento diferenciado. Assim, quando a necessidade de tratamento diferenciado fosse reconhecida, regras especiais se aplicariam à unidade federada em questão, por prazo determinado, acompanhadas da exigência de aferição do grau em que os recursos provenientes do tratamento assimétrico estão sendo utilizados para reverter o problema que teria justificado esse tratamento.

Além da uniformidade ou não das regras, outro ponto a ser apreciado para a revisão das relações intergovernamentais diz respeito à flexibilidade de tais regras. No Brasil, existe uma tendência à imposição de regras muito rígidas. Grupos sociais ou regionais, ao conseguirem a aprovação de seus pleitos, esforçam-se por cristalizar tais conquistas da forma mais permanente possível, muitas vezes buscando *status* constitucional. No entanto, a realidade econômica e institucional vem se mostrando cada vez mais dinâmica, e muitas vezes incompatível com estruturas demasiadamente rígidas.

Como enfrentar os desafios da globalização

Não há respostas fáceis nesse campo. Anwar Shah menciona a ampliação da mobilidade interna dos fatores de produção e o estabelecimento de padrões mínimos para os serviços públicos, incluindo a infraestrutura. Critica ainda propostas que denomina "paternalistas", que envolvem proteção às indústrias locais, por meio de políticas tributárias e fiscais subsídios e outros benefícios. Ele cita a experiência canadense dos anos 1970 como exemplo mal sucedido desse tipo de política. Para ele, tais políticas buscam manter as pessoas onde elas estão, ou seja, não incentivam a mobilidade populacional dentro do país.

O caminho seria, pois, reforçar os mecanismos de mercado, permitindo que os agentes econômicos busquem as melhores opções dentro de cada país. Ao mesmo tempo, há que se buscar a ampliação das oportunidades de desenvolvimento em cada lugar e em cada região. Caso contrário, haveria o risco de desertificação em certas regiões ou o risco de se abrir um terreno fértil para idéias secessionistas. Nesse sentido, o governo federal tem um papel-chave na melhoria dos padrões educacionais, na disseminação de tecnologias, no diagnóstico e conseqüente fomento para que vocações econômicas de cada região floresçam. As recomendações de Bird e Ebel (2005), já mencionadas, se aplicam aos desafios que a globalização impõe. Assim, a ampliação de transferências condicionadas à implantação de políticas que aumentem as chances de competitividade econômica é fundamental. Quanto às transferências não-condicionadas, elas devem continuar existindo para que as diferenças de renda dentro da federação sejam reduzidas, mas devem contar com mecanismos periódicos de reavaliação, para que não sejam gerados incentivos à não-exploração de bases tributárias próprias e a políticas locais que não estimulem a eficiência e a racionalidade econômicas.

Isso significa uma opção por aumento de transferências? Outra vez, depende de cada modelo federativo. Em muitos casos, o redirecionamento de recursos de algumas ações para outras pode ser o caminho. Uma maneira de avançar nessa direção é reduzir as transferências não-condicionadas e ampliar as condicionadas, vinculando-as a objetivos de maior competitividade, como a melhoria da educação e o avanço do desenvolvimento tecnológico, por exemplo. Mesmo no âmbito das transferências condicionadas, pode ser o caso de alteração das condicionalidades, acrescentando exigências de cumprimento de certas metas ou condições. No Brasil, por exemplo, as transferências federais a municípios para a educação fundamental, embora meritórias em sua concepção, ainda carecem de aperfeiçoamento, dando margem a muita ineficiência e corrupção, conforme vem sendo divulgado pela imprensa brasileira e constatado por órgãos de controle federal.[6]

Em outros casos pode ser de fato necessária a ampliação das transferências, em busca de maior eqüidade horizontal. No entanto, as dificuldades são enormes, do ponto de vista de capacidade financeira e operacional, pois é controverso o efeito da ampliação das transferências. O chamado *flypaper effect* sugere que os recursos provenientes de transferências são gastos com muito mais avidez e menos cuidado pelos governos subnacionais do que os recursos extraídos de seus próprios contribuintes. Argumenta-se que como tais recursos não têm correspondência no esforço de tributar sua população, a qualidade desse gasto tende a ser mais baixa do que o gasto realizado com receitas provenientes de tributação de seus contribuintes-eleitores. As transferências não condicionadas induziriam pois, segundo tal visão, ao aumento da ineficiência no gasto público. A evidência para os Estados Unidos (Hynes e Thaler, 1995) e Turquia (Sagbas e Naci, 2002), por exemplo, sugerem que tal efeito de fato se observa.[7]

O contrário, a redução das transferências, faz com que as esferas subnacionais assumam tais gastos, por meio da ampliação dos recursos próprios. Estimula-se, assim, a exploração de bases tributárias locais. Se é verdadeira a tese de que, nesses casos, a qualidade dos gastos aumenta — pois a cobrança do cidadão tributado é bem maior —, há um efeito positivo na redução de transferências. É como Lars Feld argumentou,

---

[6] Ver, por exemplo, *O Globo*, 26 jun. 2006, "Dinheiro do Fundef é o maior alvo de desvios", em que se noticia que a Controladoria Geral da União constatou que 51% das prefeituras investigadas apresentaram sinal de desvio e evidências de fraudes com verbas do Fundef.
[7] Há, contudo, críticas à metodologia seguida por tais trabalhos, em relação, principalmente, à especificação dos modelos econométricos adotados.

lembrando John Kincaid, "quem tem a satisfação de aplicar o dinheiro, deve ter o desprazer de arrecadá-lo".

Está claro, porém, que, quando existem grandes desigualdades de renda entre os integrantes da federação, não há como limitar demasiadamente as transferências. A necessidade de manter a unidade nacional e de evitar grandes fluxos migratórios internos exige que as transferências intergovernamentais sejam significativas.

Conflitos federativos e instâncias de mediação

A existência de interesses internos conflitantes pode levar a impasses federativos que dificultam a ação dos governos, tanto os subnacionais quanto o federal, em busca de objetivos comuns de combate às disparidades de desenvolvimento econômico. Portanto, são necessários mecanismos de resolução dos conflitos federativos para que as disputas não se estendam indefinidamente e dessa forma prejudiquem a eficiência do sistema. Logo, a necessidade de criação ou aprimoramento de instâncias de resolução desses impasses torna-se essencial.

A instituição de mecanismos de arbitragem em uma federação, seja qual for o modelo adotado, deve ser precedida por uma ampla discussão sobre os objetivos a serem perseguidos e os instrumentos a serem utilizados. Assim, pode-se extrair critérios de mediação para os embates federativos. Além disso, tais critérios passam também a servir como guias para as ações dos governos envolvidos, o que por si só minimizaria a probabilidade de impasses.

Os mecanismos de mediação podem adotar modelos diferentes, variando desde instâncias meramente judiciais (onde se dá a maioria das resoluções dos conflitos federativos brasileiros), até instâncias de arbitragem externa (como no caso da União Européia e seus países-membros), passando por instâncias administrativas de resolução de disputas (como no caso da Índia e da África do Sul) e por canais de negociação direta entre os entes federativos, como no caso do Canadá.

Na África do Sul, cujo federalismo é composto por um governo central, nove governos provinciais e 284 municípios, divididos em três categorias (metropolitanos, locais e distritais), são várias as instâncias de conciliação e resolução de conflitos, sendo a mais importante a Comissão Fiscal e de Finanças (Financial and Fiscal Commission — FFC), que tem caráter constitucional. Essa comissão tem a função de verificar o cumprimento dos mecanismos constitucionais que emergiram do processo político de redemocratização da África do Sul. A FFC também auxilia na decisão sobre a repartição das receitas centrais sul-africanas, agindo como mediadora e limitadora do poder discricionário do governo central.

A Espanha tem usado a União Européia como instância de resolução de conflitos federativos internos. Por exemplo, em certa ocasião, a autonomia regional na cobrança de impostos corporativos levou a conflitos entre o governo central e o governo do País Basco. Este pretendia beneficiar empresas atuantes dentro de seu território com feriados fiscais, períodos nos quais tais empresas ficariam livres do pagamento de impostos. Como o governo espanhol não concordou, foi buscada a mediação da União Européia para o conflito. Mais uma vez, os benefícios da integração regional foram sentidos na Espanha, uma vez que a decisão da UE foi acolhida pelo governo basco, mesmo sendo contrária a ele.

A discussão sobre a institucionalização de uma instância de mediação dos conflitos federativos no Brasil deve passar por uma série de etapas, que precisam ser desenvolvidas previamente. A primeira delas diz respeito a um diagnóstico da situação que visasse responder a seguinte pergunta: quais os fatores e processos que levaram a que os antagonismos existentes na federação brasileira se aprofundassem tanto? Em segundo lugar, é necessária a estruturação de uma política regional mais eficiente. A ausência de tal política associada com o agravamento das disparidades regionais deixa a guerra fiscal como uma saída emergencial para os estados. Por fim, a falta de diálogo dos representantes estaduais entre si e com os representantes do poder federal é uma barreira que precisa ser vencida com o objetivo de facilitar decisões sobre uma possível instância mediadora dos conflitos federativos.

Na situação brasileira atual, o Confaz e a Lei Complementar nº 24 de 1975 têm sido sistematicamente desrespeitados como instâncias de mediação dos conflitos federativos brasileiros e por isso não têm desempenhado a contento tal função. Tampouco o Senado Federal, que seria outra instância mediadora natural dessas tensões, tem tido capacidade, agilidade ou interesse na matéria. Nesse caso, o Brasil fica desprovido de uma instituição tão relevante ao seu bom funcionamento.

Em diversas federações, tais instâncias são operacionais. Na Índia, por exemplo, existe o Conselho Interestadual, fundado em 1990, que coordena a resolução de conflitos federativos na Índia. Tal conselho tem a participação do primeiro-ministro daquele país e sua atuação tem sido moldada por problemas concretos, tais como a ocorrência de distúrbios públicos em alguns estados e a ameaça de secessão de outros. Naquele país ainda existe uma comissão de finanças que conduz o compartilhamento das receitas entre estados e a União.

Considerações finais

Os aspectos particulares de qualquer modelo de federalismo fiscal devem ser entendidos no contexto único de cada país. Não é recomendável transladar experiências de outros países pura e simplesmente; implantá-las em terreno estranho e esperar obter os mesmos resultados, mesmo que sejam experiências bem-sucedidas. As experiências alheias são importantes como elementos de análise de medidas que deram certo e que não deram certo. As recomendações de políticas públicas, sobretudo em países federativos, devem estar firmemente enraizadas no entendimento racional das estruturas de governo existentes e na sua capacidade de mudança, se é para que sejam aceitas e bem-sucedidas. Por exemplo, afirmar que transferências condicionadas são mais apropriadas que transferências não-condicionadas é arriscado. Cada país tem um padrão próprio que deve ser visto no seu contexto específico.

Em segundo lugar, as experiências mostram que, mais do que os aspectos técnicos pertinentes a cada solução adotada, mais importante é o processo pelo qual as soluções foram construídas. Políticas voltadas para a redução de disparidades regionais em geral mostram a maneira pela qual sistemas federativos levam em conta questões políticas e sociais das diferentes regiões. Quanto maior a importância atribuída a tais questões, maior será a ênfase com a qual será tratada a capacidade local de tributação a ser suplementada para fins de eqüidade ou para maiores transferências não-condicionadas, como é o caso do Canadá.

Muito já se escreveu sobre as dificuldades crescentes para a tributação em um mundo que tem rapidamente se integrado. Um artigo de grande impacto da revista *The Economist*, intitulado "O desaparecimento do contribuinte" (*The disappearing taxpayer*) já alertava, em 1997, para esse fato. Ainda não se sentem os efeitos concretos das previsões da prestigiosa revista sobre a arrecadação dos países, pois não há registro de redução substancial de carga tributária. De fato, os governos têm desenvolvido mecanismos de defesa que até o momento têm funcionado. Por exemplo, a OCDE desenvolveu uma série de princípios para aplicação sobre o comércio eletrônico, que têm sido utilizados por muitos países-membros.[8] Na União Européia, por exemplo, o IVA tem sido aplicado com sucesso sobre tais transações.

Outra questão importante é a necessidade de garantir a sustentabilidade fiscal e a maneira de envolver todas as esferas de governo em tal tarefa. Deixar toda a função estabilizadora nas mãos do governo federal é uma maneira de reduzir a eficácia de suas políticas, pois os efeitos de disciplina fiscal no governo federal podem ser amortecidos por uma política frouxa nas esferas subnacionais. As tentativas de implementar leis

---

[8] O site da OCDE <www.ocde.org> mostra uma série de relatórios, com todos os estudos e recomendações da organização para o comércio eletrônico. Ver, por exemplo, Consumption tax aspects of electronic commerce: a report from working party nº 9 on consumption taxes to the committee on fiscal affairs.

de responsabilidade fiscal envolvendo tais esferas é um sintoma desse quadro. As experiências do Brasil, da Argentina e da Rússia são exemplos. Além disso, alguns governos subnacionais têm aprovado leis de auto-restrição fiscal como forma de sinalizar para o mercado a sua solvência e assim conseguir menores prêmios de risco. É o caso de alguns estados canadenses, indianos e norte-americanos (Webb, 2004).

A experiência internacional tem mostrado também que os recursos devem vir após a designação de funções e de objetivos, mas nunca precedê-los, como mostra a experiência brasileira. A pior solução é alocar grande volume de recursos em governos despreparados para gastá-los. Assim, é sempre aconselhável examinar os seguintes aspectos: primeiro, a natureza apropriada das despesas a serem alocadas aos governos locais tendo em vista o interesse nacional de que essas tarefas sejam bem administradas; e segundo, como os melhores resultados podem ser obtidos. Governos locais podem estar aptos a desempenhar seus papéis adequadamente. Entretanto, pequenos municípios ou mesmo estados de menor densidade populacional ou econômica podem necessitar de ajuda para o melhor desempenho na provisão de bens públicos. Para isso, necessitam de capacidade gerencial própria, de implementar mecanismos de informações financeiras sobre os serviços de modo que assegurem-se as responsabilidades fiscal e política. Em terceiro lugar, providenciar suporte técnico para o desenvolvimento de projetos e sua implementação.

Essas não são recomendações simples. Exigirão sempre planejamento cuidadoso, implementação baseada em suporte técnico e logístico apropriado e monitoramento constante. São tarefas que se forem levadas a cabo com sucesso a descentralização será bem-sucedida.

Referências bibliográficas

Palestras do Fórum Mundial sobre Federalismo Fiscal (Costa do Sauípe, 2005)

AFONSO, José Roberto. *Presentation on Brasil.*

AZHAR, Saiful. *Presentation on federalism in Malaisia.*

BURENIN, Andrei. *Presentation on federalism in Russia.*

ELAGOO, Esawa. *Presentation on Nigeria.*

FELD, Lars. *German fiscal federalism*: the course of cooperation.

FOX, William. *Presentation on federalism in the US.*

KIRCHGÄNSSNER, Gebhard. *Presentation on fiscal federalism in Switzerland.*

PELOQUIN, David. *Levelling the playing field*: partial equalization in Canada.

PRADO, Sérgio. *Presentation on Brasil.*

REZENDE, Fernando. *General comments.*

SHAH, Anwar. *Presentation on fiscal federalism in Australia.*

_____. *Selected challenges to fiscal federalism.*

VISWANATHAN, Renuka. *Presentation on federalism in India.*

Referências complementares

AFFONSO, J. R.; KHAIR, A.; OLIVEIRA, W. Lei de Responsabilidade Fiscal: os avanços e os aperfeiçoamentos necessários. In: MENDES, M. *Gasto público eficiente*: 91 propostas para o Brasil.

BIRD, R. Fiscal federalism in Russia: a Canadian perspective. *Public Finance and Management*, v. 3, n. 4, 2003.

_____; EBEL, R. Federalism and national unity. In: EHTISHAM, Ahmad; BROSIO, Giorgio (Orgs.). *Handbook of federalism*. International Monetary Fund, 2005.

DE SOTO, Ernando. *O mistério do capital.* Record, 2001.

FÓRUM MUNDIAL SOBRE FEDERALISMO FISCAL. *Palestras.* Bahia, dez. 2005.

HINES, J. R.; THALER, R. H. Anomalies the flypaper effect. *Journal of Economic Perspectives*, v. 9, n. 4, p. 217-226, 1995.

KEATING, M. Governing cities and regions: territorial restructuring in a global age. In: SCOTT, A. *Global city-regions.* New York: Oxford University Press, 2000.

KELMAN, Steven. *Changing big government organizations*: easier than meets the eye? Ash Institute for Democratic Governance and Innovation, John F. Kennedy School of Government, Harvard University, 2004.

KNOX, F. L. Globalization and urban economic change. *Anais da Academia Americana de Ciências Sociais e Políticas*, 551, 1997.

MCLEAN, I. *Fiscal federalism in Canada*. Oxford: Nuffield College, 2003. (Working Paper 2003-W17, University of Oxford).

MUSGRAVE, Robert A. *The theory of public finance*: a study in political economy. New York: McGraw-Hill, 1959.

OATES, W. E. *Fiscal federalism*. New York: Harcourt Brace Jovanovich, 1972.

_____. An essay on fiscal federalism. *Journal of Economic Literature*, v. 37, n. 3, 1999.

OECD. *OECD in figures*. Taxation, table 1. 2005.

SAGBAS, Isa; NACI, Tolga Saruc. *Intergovernmental transfers and the flypaper effect in Turkey*. World Bank, 2002. ms.

SIRKIS, A. O desafio ecológico das cidades. In: TRIGUEIRO, André (Org.). *Meio ambiente no século XXI*, 2003.

TANZI, V. *Taxation in an integrating world*. Brookings Institution Press, 1994.

TEIXEIRA, L. BUGARIN, M.; MacDOWELL, M. C. *Economia política de formação de consórcios intermunicipais de saúde*: efeitos da heterogeneidade de renda e de preferências entre municípios. Brasília: Ipea/DFID, 2005. (Prêmio Nacional 2004).

TIEBOUT, C. A pure theory of local public expenditures. *Journal of Political Economy*, n. 64, p. 416-424, 1956.

TSUKAMOTO, T.; VOGEL, R. K. *Globalization and urban governance*: a comparative analysis of decentralization in world cities. In: CITY FUTURES CONFERENCE. Proceedings... Chicago: University of Illinois, 2004.

UN. *World population monitoring 2001*: population, environment and development. New York: United Nations, 2001

WEBB, S. B. *Fiscal responsibility laws for subnational discipline*: the Latin America experience, 2004. ms.

3

Brasil: conflitos federativos e reforma tributária

Fernando Rezende

Duas forças importantes moldaram os trabalhos da Assembléia Nacional Constituinte e tiveram influência marcante em decisões relevantes para o sistema tributário e a federação. De um lado, a demanda de estados e municípios por autonomia financeira, indispensável para sancionar a autonomia política readquirida nas últimas etapas da transição do regime militar para a democracia, com as eleições diretas para governadores em 1982. De outro, a pressão dos movimentos sociais por universalização dos direitos da cidadania, vista por muitos como condição necessária para reverter a trajetória de um crescimento socialmente excludente verificado nos ciclos anteriores de expansão da economia brasileira.

As demandas por autonomia financeira foram atendidas mediante ampliação das bases tributárias de estados e municípios e forte ampliação das percentagens da receita dos principais impostos federais repartidas com estados e municípios mediante fundos constitucionais. A primeira, promovida por meio da incorporação ao antigo imposto estadual, o ICM — de bases tributárias até então exclusivamente tributadas pelo governo federal, como os combustíveis, a energia elétrica e as telecomunicações, além da ampliação da lista dos serviços tributados pelos municípios —, atendia aos estados mais desenvolvidos e aos municípios de maior porte. A segunda garantia aportes significativos de receita tributária aos estados de menor desenvolvimento e aos municípios de pequeno porte.

No campo dos direitos sociais, a palavra de ordem era diversificar as fontes de financiamento, para evitar a dependência de contribuições sobre a folha de salários, mais sensível aos ciclos da economia, e blindar os recursos da seguridade social, que universalizava o acesso à previdência, saúde e assistência da conhecida interferência do Tesouro Nacional. Presentes nessa preocupação estavam as repetidas reclamações de antigos representantes da previdência a respeito de desvio de contribuições previdenciárias para financiar outros gastos como, por exemplo, a construção de Brasília e a hidrelétrica de Itaipu. Em decorrência, o art. 195 da Constituição Federal criou novas fontes de financiamento e instituiu a figura do orçamento da seguridade social.

Instaurava-se, portanto, a dualidade tributária que deu à luz irmãos siameses. O sistema tributário e o regime de financiamento da seguridade social, embora concebidos para serem entidades independentes, acabaram nascendo unidos pelo abdômen. Desde então, o crescimento da seguridade provocou a atrofia da federação. Com o crescimento das contribuições para a seguridade, a qualidade da tributação foi se deteriorando, ao mesmo tempo em que os objetivos de reforçar a federação, conforme a intenção dos constituintes, foram progressivamente abandonados. Na ausência de vontade, ou de entendimento sobre a necessidade de separar cirurgicamente os irmãos siameses, os desequilíbrios e as distorções foram se acumulando, gerando múltiplos conflitos que têm impedido o avanço de reformas tributárias indispensáveis para dotar o país de um regime de impostos compatível com os desafios que a economia global impõe à produção nacional.

O objetivo deste capítulo é, portanto, explorar os problemas gerados pela dualidade tributária instituída em 1988 e enfatizar a necessidade de substituir o limitado foco que tem sido adotado nas recentes propostas de reforma tributária por uma visão abrangente que tenha como referência a necessidade de eliminar a mencionada dualidade e remover os antagonismos que ameaçam o equilíbrio e a coesão da federação.

Os primórdios da crise

Os problemas gerados pela dualidade fiscal começaram a se manifestar desde o início. Com as receitas federais reduzidas pela descentralização promovida no capítulo tributário da Constituição, o crescimento dos compromissos financeiros decorrentes da ampliação dos direitos sociais levou à imediata instituição pelo governo federal das novas contribuições previstas no Capítulo 195 da Constituição, passando o novo orçamento da seguridade social a ser constituído pelas antigas contribuições previdenciárias incidentes sobre os salários e as novas contribuições sobre o faturamento e o lucro das empresas.[1]

Com a regulamentação dos novos dispositivos constitucionais, os gastos do INSS, aí incluídos os pagamentos da aposentadoria rural e da renda mínima garantida a idosos e pessoas portadoras de deficiências, passaram a pressionar os recursos da seguridade, ocasionando duras reações dos movimentos ligados à saúde com respeito ao não-cumprimento de um acordo tacitamente estabelecido, mediante o qual 30% dos recursos da seguridade deveriam ser aplicados no desenvolvimento e na melhoria do Sistema Único de Saúde recém-implantado.

O conflito entre os benefícios concedidos pelo INSS e a saúde expunha uma deficiência básica da proposta do orçamento da seguridade social enquanto mecanismo de garantia financeira das ações por ele compreendidas: a reunião de direitos de natureza distinta sob uma mesma forma de garantia. Como é impossível delimitar o tamanho da conta a ser paga

---

[1] A rigor a proposta da seguridade social previa que estados e municípios também contribuíssem para o financiamento da universalização dos direitos sociais por meio de aportes financeiros ao Orçamento da Seguridade Social, mas a inviabilidade dessa proposta conjugada com a crise econômica que se estabeleceu logo em seguida à promulgação da Constituição fizeram com que essa intenção nunca se concretizasse.

em decorrência do crescimento de benefícios por lei concedidos a aposentados, pensionistas e beneficiários de renda mensal vitalícia, quanto maior for o tamanho dessa conta, menor será a quantidade de recursos disponíveis para financiar os compromissos assumidos com a saúde pública. Em outras palavras, direitos individuais se sobrepõem a direitos coletivos quando ambos estão acomodados em um mesmo regime de financiamento.

Num contexto em que as contribuições sobre os salários não eram suficientes para bancar os compromissos com o pagamento dos benefícios administrados pelo INSS, faltavam recursos para financiar as demais ações da seguridade. A conseqüência óbvia foi o aumento das demais contribuições para atender às pressões oriundas desses setores, principalmente a saúde, cuja capacidade de mobilização política é conhecida.

As informações apresentadas na tabela 1 e na figura 1 mostram o resultado observado nos primeiros momentos que se seguiram à entrada em vigor das decisões adotadas em 1988. Em 1993, a receita das contribuições vinculadas à seguridade social,[2] exceto a contribuição previdenciária, já correspondia a quase metade da arrecadação dos impostos federais e, comparada aos valores de 1988, apresentava um crescimento três vezes maior do que o registrado pelas receitas próprias de estados e municípios no mesmo período. Apesar destes se beneficiarem da ampliação de seus poderes tributários, a política de juros elevados — adotada para evitar o descontrole do processo inflacionário —, aumentava a pressão sobre os seus orçamentos. No âmbito do governo federal, o crescimento das contribuições e o confisco da dívida realizado no início da administração Collor de Mello contribuiu para esconder por algum tempo o tamanho das distorções criadas. No entanto, a semente dos antagonismos federativos começava a germinar.

---

[2] Tais contribuições — chamadas de gerais — nas tabelas e gráficos apresentados incluem a arrecadação do PIS-Pasep, Cofins, CSLL e CPMF. As contribuições sociais gerais não estão inseridas no capítulo tributário da Constituição, mas não podem ser classificadas como parafiscais (como é o caso das contribuições previdenciárias e do FGTS). Tratam-se, na verdade, de tributos semelhantes aos impostos indiretos, com ampla incidência, deles só se distinguindo pela vinculação ao financiamento da seguridade social.

Tabela 1
Arrecadação de contribuições sociais gerais em % da receita-impostos de competência federal: 1988-93

Ano	CSG/IMP F (%)
1988	17
1989	25
1990	35
1991	41
1992	37
1993	45

Obs.: CSG = contribuições sociais gerais = PIS-Pasep, Finsocial/Cofins,CSLL e IPMF/CPMF; IMP F = principais impostos federais = IR, IPI, II, IOF e ITR.

Figura 1
Evolução da receita de contribuições sociais gerais e da arrecadação tributária própria de estados e municípios: índice calculado com base em valores corrigidos pelo DI do PIB (1988 = 100)

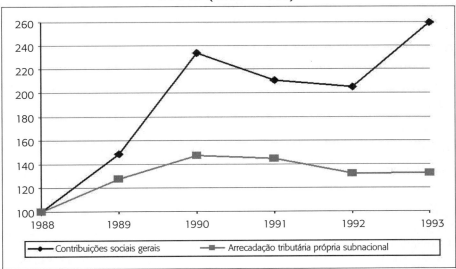

Obs.: Contribuições sociais gerais = PIS-Pasep + Cofins + CSLL + CPMF; Arrecadação tributária própria subnacional = ICMS + IPVA + ISS + IPTU + outros tributos.

Nos primeiros anos do Plano Real, as distorções geradas pela dualidade fiscal continuaram a se acumular, embora em um ritmo que ainda não era capaz de revelar com clareza suas conseqüências. Com a vitória sobre a inflação, o ajuste fiscal passava a depender de providências mais efetivas para eliminar os desequilíbrios orçamentários, já que a corrosão inflacionária das despesas deixava de exercer esse papel. Não obstante, a sustentação de um câmbio sobrevalorizado para segurar a inflação adiou a necessidade de adoção de medidas mais duras no campo fiscal. Assim, e apesar de novos aumentos nas contribuições para reforçar o caixa da União — juntamente com a desvinculação de 20% de todas as receitas federais para reduzir os desequilíbrios —, a dívida pública explodiu alimentada por juros elevados e uma maior liberalidade na administração dos gastos.

No tocante à divisão federativa da receita tributária, o qüinqüênio 1994-98 revelou um pequeno decréscimo da participação da União na receita tributária disponível nacional,[3] a despeito do crescimento das receitas federais não partilhadas com os governos subnacionais, o que favoreceu, sobretudo, os municípios, uma vez que os estados também perderam posição em comparação com os índices que detinham no período 1938-93 como mostra a figura 2.

Juntamente com a deterioração da qualidade da tributação, que acompanhava o crescimento de tributos cumulativos, perniciosos à eficiência da economia, os desequilíbrios federativos iam aumentando, mas a um ritmo que ainda não era suficiente para deixar a descoberto o tamanho do problema que estava sendo criado. Com o abandono da âncora cambial como base de sustentação da estabilidade monetária e a adoção

---

[3] O conceito de receita disponível adotado neste artigo leva em consideração a arrecadação dos tributos de competência própria de cada ente federado após as transferências intergovernamentais de caráter constitucional e/ou legal. De acordo com esse conceito, a União efetua repasses para os governos subnacionais e nada recebe dos mesmos. Os estados transferem recursos para os municípios e recebem repasses do governo federal. Os municípios são contemplados com transferências das demais esferas de governo e não efetuam nenhum repasse.

do regime de metas de inflação apoiado em aperto fiscal, e metas duras de geração de superávits primários, a situação se agravou.

Figura 2
Divisão federativa da receita tributária disponível (% do total): médias 1988-93 e 1994-98

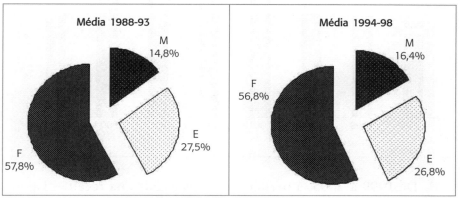

Obs.: F = federal; E = estadual; e M = municipal.

O ajuste fiscal e a federação

Dualidade fiscal e rigidez orçamentária

O abandono da âncora cambial, em 1999, forçou a adoção de uma política fiscal mais rigorosa no segundo mandato de Fernando Henrique Cardoso. Entretanto, a dificuldade em promover a contenção dos gastos jogou toda a responsabilidade pela geração de superávits fiscais nas costas dos responsáveis pela arrecadação. Fortes aumentos nos tributos, promovidos mediante revisão das bases de incidência das contribuições, aumento de alíquotas e sucessivas prorrogações de medidas supostamente transitórias (como a CPMF e a DRU) foram promovidos, acentuando o desequilíbrio entre o crescimento das contribuições e o comportamento dos impostos de competência do governo federal. Em conseqüência, a carga tributária saltou para cerca de 39% do PIB em 2005 — mais de nove pontos de percentagem acima do índice de 1998, como vemos na figura 3.

Figura 3
Carga tributária global: 1998-2005 (% do PIB)

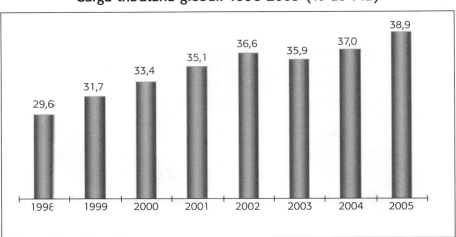

De 1999 a 2005, a participação dos estados na receita disponível nacional continuou encolhendo, contrastando mais uma vez com os ganhos obtidos pelos municípios. Não obstante, uma importante diferença marca o período recente em relação ao qüinqüênio 1994-98. O aprofundamento do ajuste fiscal por meio do acelerado crescimento de receitas federais não-partilhadas inverteu o movimento observado na primeira fase do Plano Real. Mediante o incremento da participação da União no bolo tributário, a fatia municipal só aumentou graças ao encolhimento da esfera estadual como está demonstrado na figura 4.

Conforme mencionado, a contribuição mais importante para o aumento recente da carga tributária veio das contribuições sociais gerais. Em conseqüência, o crescimento da carga foi acompanhado de mudanças importantes na sua composição. Atualmente, a arrecadação das contribuições sociais já ultrapassa o montante coletado com os impostos de competência federal e também a receita do ICMS obtida pelo conjunto dos estados como mostra o figura 5.

Figura 4
Divisão federativa da receita tributária disponível (% do total): médias 1994-98 e 1999-2005

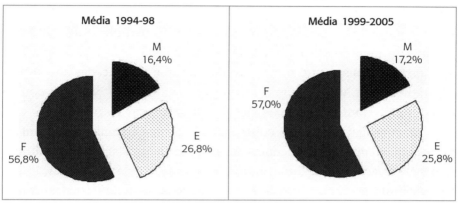

Obs.: F = federal; E = estadual; e M = municipal.

Figura 5
Composição da carga tributária global (% do total): 1998 e 2005

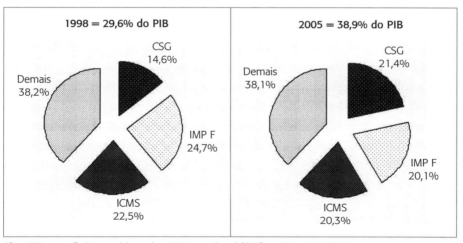

Obs.: CSG = contribuições sociais gerais = PIS-Pasep, Finsocial/Cofins, CSLL e IPMF/CPMF.
IMP F = principais impostos de competência federal = IR, IPI, II, IOF e ITR. Demais = impostos e contribuições não classificados nas demais rubricas.

O recurso às contribuições sociais para sustentar o ajuste fiscal foi incentivado por três razões principais. Uma, de cunho federativo — a descentralização do poder de instituir e administrar os impostos e o aumento da parcela da arrecadação dos impostos federais transferida a estados e municípios, conforme o disposto na Constituição de 1988 não deixava outra alternativa. Outra, de natureza legal — as regras aplicadas às contribuições são muito mais frouxas do que as aplicadas aos impostos tradicionais. A terceira razão é de cunho administrativo — as contribuições são tributos bem mais fáceis de administrar e arrecadar.

A cumulatividade das contribuições sociais (parcialmente amenizada com as mudanças recentes na respectiva legislação) aumentou a ineficiência econômica dos tributos, já agravada pela fragmentação das bases tributárias, pelas distorções acumuladas no ICMS e pela tributação dos serviços pelos municípios. Alguns avanços no campo da desoneração das exportações e dos investimentos foram conseguidos a duras penas e alguns deles (como a Lei Kandir) são fonte renovada de conflitos na federação.

De outra parte, a expansão das contribuições sociais teve por conseqüência a rigidez dos orçamentos, dada a vinculação constitucional de suas receitas a gastos com a seguridade social. Na esfera federal, o conjunto das despesas obrigatórias, que inclui as protegidas pela Constituição ou por legislação infraconstitucional, as transferências a estados e municípios, a folha de pagamentos com o funcionalismo e os compromissos com a dívida pública, já equivale a 90% do total das despesas não-financeiras do orçamento federal e tende a crescer em decorrência de dispositivos que reajustam automaticamente o valor de alguns dos benefícios que o Estado mantém. Tendo em conta que da parcela restante ainda devem ser deduzidos os gastos relacionados ao dia-a-dia da operação dos vários órgãos públicos, a principal conseqüência disso é o virtual esgotamento da capacidade de investimento do governo federal, com as conhecidas seqüelas para a infra-estrutura, especialmente no campo dos transportes.

A velocidade com que o orçamento federal foi se tornando mais rígido se revela mediante os números apresentados aqui. Em 1987 as despesas obrigatórias absorviam 47% da despesa não-financeira, ou 7,6% do PIB. Depois de 15 anos elas já haviam mais do que dobrado em percentagem do PIB (15,3%), subindo novamente para 15,7% em 2004 e ultrapassando o patamar já mencionado de 90% das despesas não-financeiras (91%).[4] Mantidas as regras vigentes, as despesas obrigatórias continuarão sua trajetória ascendente, tornando o Estado incapaz de exercer suas funções e deflagrando uma crise fiscal sem precedentes na história nacional.

A rigidez orçamentária cresceu, apesar da adoção de medidas para desvincular parte dos recursos arrecadados com o aumento das contribuições sociais. Com a adoção do FSE e sua posterior transformação na DRU, 20% das receitas arrecadadas com as contribuições sociais passaram a ficar disponíveis para financiar outros gastos e sustentar as metas estabelecidas para a geração de superávits primários nas contas da União. Assim, à medida que crescia a necessidade de gerar superávits mais elevados para evitar o crescimento desordenado da dívida pública, aumentava a arrecadação das contribuições, o que, por seu turno, abria espaços para o crescimento dos gastos amparados pela seguridade (a cada rodada de aumento das contribuições sociais, 80% dos recursos ficavam disponíveis para financiar o aumento desses gastos). Em conseqüência, a receita de contribuições já supera a receita dos impostos de competência da União e seu crescimento fez com que o orçamento se tornasse mais rígido e a descentralização tributária perseguida em 1988 fosse revertida, principalmente no que concerne à participação dos estados no bolo tributário nacional.

Para conciliar a centralização das receitas com a descentralização do gasto — a maior parte da responsabilidade pela provisão dos serviços de saúde e assistência social cabe aos estados e municípios —, a saída foi expandir as transferências não-constitucionais, o que acentuou os desequilíbrios federativos e reduziu a liberdade de estados e municípios em

---

[4] Dados extraídos do trabalho de Raul Velloso (2005), apresentado no Fórum Nacional.

matéria de alocação dos recursos orçamentários em virtude de essas transferências serem direcionadas a programas específicos. A rigidez orçamentária estendeu-se também a estados e municípios, afetando fortemente os seus investimentos.

A rigidez dos orçamentos estaduais e municipais vem se acentuando nos últimos anos, à medida que o espírito de ampla liberdade para a aplicação dos recursos transferidos que presidiu a elaboração da Constituição de 1988 foi sendo abandonado. Na versão original, o texto constitucional vedava a vinculação de tributos a órgão, fundo ou despesa, exceto os 25% da receita de impostos e transferências destinados à manutenção e desenvolvimento do ensino. No entanto, emendas ao texto constitucional introduziram novas regras que limitaram a liberdade no uso dos recursos municipais, como a vinculação dessas receitas para oferecer garantias referentes a dívidas com a União e para financiar as ações de saúde. No caso do Fundef, a subvinculação de recursos ao ensino fundamental também acarretou nova ingerência nos orçamentos subnacionais. Não se trata de discutir o mérito dessas vinculações, mas sim de ressaltar o seu efeito sobre a gestão dos recursos públicos.

Juntamente com as novas obrigações inseridas na Constituição Federal, que, além das receitas orçamentárias de estados e municípios vinculadas a gastos em educação, determinam a aplicação de no mínimo 12% e 15%, respectivamente, a gastos em saúde, as transferências recebidas à conta do SUS, os compromissos com a renegociação das dívidas com a União, as parcelas apropriadas pelos poderes Legislativo e Judiciário, e os encargos com o funcionalismo ativo e inativo (no caso dos municípios ampliados com o aumento do salário mínimo) também contribuem para reduzir a muito pouco o grau de liberdade de governadores e prefeitos com respeito à livre disposição de seus recursos orçamentários.

A estabilização da moeda também agravou a rigidez dos orçamentos. Num contexto de inflação elevada, como o que predominou por um longo tempo no passado, o raio de manobra para a aplicação de recursos era ampliado pela corrosão dos valores referentes a gastos com o funcionalismo e com o custeio da máquina governamental. Com o fim da inflação, qualquer ajuste nos valores relativos a essas despesas passaram a depender da existência de espaço para cortes e de decisões politicamente sensíveis.

A crescente dependência de estados e municípios de transferências federais para exercer as responsabilidades que lhes são atribuídas pela Constituição Federal no campo das políticas públicas contraria o princípio de que a descentralização fiscal é um caminho saudável para aumentar a eficiência e a eficácia do gasto, bem como para a co-responsabilidade de contribuintes e governantes (*accountability*). A descentralização fiscal é saudável quando os governos subnacionais são responsáveis por financiar, com recursos próprios, uma parte significativa dos seus gastos, e quando aquelas unidades federativas com economias que não geram bases tributárias significativas financiam seus gastos mediante transferências compensatórias que obedecem a princípios de equalização fiscal e a regras transparentes de repasse.

Não foi essa a trajetória do federalismo fiscal brasileiro no período posterior à Constituição de 1988. No curto espaço de 12 anos — entre 1997 e 2005 — a contribuição das receitas próprias para o financiamento dos governos subnacionais caiu de 3/4 para 2/3, em decorrência do rápido incremento das transferências de recursos federais. Vale a pena destacar que esse crescimento das transferências federais deve-se exclusivamente à explosão dos repasses vinculados a gastos sociais (saúde, principalmente) e a um variado conjunto de outras transferências (*royalties*, transferências voluntárias, transferências de capital e outros repasses de recursos de menor importância — ITR, IOF-Ouro, Cide). Tais fatos merecem ser destacados quando um dos itens importantes da agenda dos debates sobre a questão fiscal no Brasil é a necessidade de imprimir eficiência e eficácia à gestão pública.

Tabela 2
Composição da receita dos governos subnacionais: 1997-2005

		1997	1998	1999	2000	2001	2002	2003	2004	2005
A = B + C	Subnacional	100,0	100,0	100,0	100,0	100,0	100,0	100,0	100,0	100,0
B	Arrecadação tributária própria	74,4	70,4	70,2	70,4	69,9	68,0	69,3	69,5	67,0
C = C1 + + C4	Transferências federais	25,6	29,6	29,8	29,6	30,1	32,0	30,7	30,5	33,0
C1	Redistributivas	17,2	15,5	15,6	14,4	14,8	15,8	14,5	13,7	14,6
C2	Compensação financeira	2,2	2,4	3,2	2,7	2,3	2,2	1,8	1,6	1,4
C3 = C3.1 + C3.2	Cooperação intergovernamental	2,1	7,2	8,1	8,0	8,3	8,6	8,6	9,2	9,3
C3.1	Fundef		3,5	3,9	3,3	3,2	3,3	3,0	2,8	2,9
C3.2	SUS	2,1	3,7	4,2	4,7	5,0	5,2	5,6	6,3	6,3
C4	Não classificadas	4,2	4,4	2,9	4,5	4,7	5,5	5,8	6,0	7,7

Obs.: Item B — inclui arrecadação de ICMS, IPVA, ISS, IPTU e outros tributos não classificados.
Item C — valores extraídos da execução orçamentária da União (vide STN — despesas da União por grupo de natureza). Inclui todas as transferências (constitucionais/legais, vinculadas e fruto de convênios) efetuadas pela União para os estados e municípios.
Item C1 — inclui FPE e FPM.
Item C2 — inclui FPEx e Lei Kandir.
Item C4 — calculado por resíduo (C4 = C – C1 – C2 – C3).

Centralização tributária e desequilíbrios federativos

Paralelamente à centralização das receitas tributárias e ao engessamento dos orçamentos, a natureza do ajuste fiscal promovido nos últimos anos acentuou os desequilíbrios federativos. Em 2005, a participação das transferências federais no financiamento dos gastos não-financeiros dos estados brasileiros havia subido para cerca de 24% — um aumento de mais de quatro pontos percentuais em relação há 10 anos, como demonstrado na tabela 3. No caso dos municípios, a dependência de transferências federais, além de ser bem maior, cresceu de 30% para cerca de 34% em apenas seis anos (entre 1998 e 2004), a despeito do uso que os municípios economicamente mais importantes fizeram de suas bases tributárias próprias. O aumento das transferências diretas de recursos federais para municípios é um traço marcante do federalismo fiscal brasileiro e concorre para a redução da capacidade de os governos estaduais coordenarem a gestão de políticas públicas em seu território.

Tabela 3
Percentual das despesas não-financeiras dos estados custeadas por recursos próprios e de transferências federais

Discriminação	1995	2000	2005
Receita tributária própria	72	74,2	78,1
Transferências federais	19,7	21,2	23,9

Obs.: Transferências federais = execução orçamentária dos estados (STN). Foram contempladas transferências constitucionais/legais, SUS e repasses voluntários.

Tabela 4
Percentual das despesas não-financeiras dos municípios custeadas por recursos próprios e de transferências federais

Discriminação	1998	2004
Receita tributária própria	27,7	30,6
Transferências federais	30,1	33,7
Transferências estaduais	34,8	35,8

Fonte: Execução orçamentária dos municípios (STN). Foram contempladas transferências constitucionais/legais, SUS e repasses voluntários.

Mais importante do que a ampliação dos desequilíbrios na repartição de recursos entre o conjunto dos entes federados — o desequilíbrio vertical — são os desequilíbrios que se acumularam com respeito à capacidade financeira dos estados e dos municípios — os desequilíbrios horizontais. Dados os impactos diferenciados das diferentes regras que conformam o rateio dos fundos constitucionais e a repartição das demais transferências de recursos arrecadados pela União sobre o tamanho dos orçamentos estaduais e municipais, as divergências entre a disponibilidade de recursos e a natureza das responsabilidades que deveriam ser por eles exercidas foram se ampliando nos últimos anos e variam em razão do tamanho da população, do grau de desenvolvimento, da região e da condição socioeconômica de suas populações. Além dos conflitos que gera, tal situação produz efeitos negativos para as demandas por eficiência na gestão das políticas públicas.

As evidências desses desequilíbrios foram apresentadas em estudos (Prado, Quadros e Cavalcanti, 2003) e se manifestam por enormes e inexplicáveis assimetrias encontradas nos valores dos orçamentos estaduais e municipais em relação ao tamanho das respectivas populações. Grandes diferenças na capacidade de financiamento de estados de uma mesma região — o orçamento *per capita* do Maranhão sendo pouco mais da metade do de Sergipe e o do Pará menos de 1/4 do de Roraima — e de municípios de diferentes portes (com municípios muito pequenos dispondo de uma capacidade financeira maior do que as grandes metrópoles como está na figura 6) — refletem a maneira desordenada como os conflitos federativos foram sendo tratados nos últimos anos e as dificuldades que tal situação acarreta para coordenar a atuação do setor público em áreas que são fundamentais para o processo de desenvolvimento, como a educação, a saúde, a segurança pública, a infra-estrutura urbana e o meio ambiente.

Além das disparidades apontadas, a atuação de estados e municípios também é afetada pela sensibilidade de seus orçamentos aos ciclos econômicos, pela instabilidade de regras que regulam o aporte de recursos federais e pelo reduzido grau de liberdade com respeito a decisões de aplicação dos recursos.

A sensibilidade das receitas estaduais e municipais aos ciclos econômicos nacionais varia em conformidade com a importância que as principais fontes de recursos apresenta na composição dos respectivos orçamentos. Regra geral, o grau de desenvolvimento e o tamanho da população são as variáveis determinantes das diferenças de comportamento, mas há outros elementos importantes, como a natureza da base econômica (em especial a importância da atividade industrial), a região e, no caso dos municípios, o fato de ser ou não capital estadual e integrante de importante região metropolitana.

Figura 6
Receita municipal *per capita* segundo o tamanho dos municípios

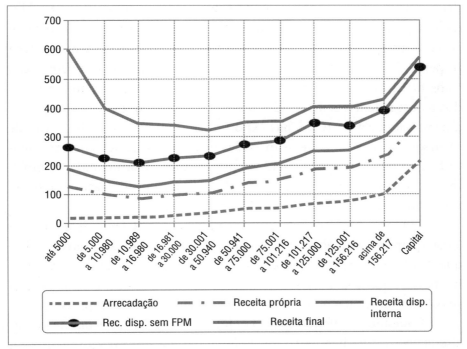

Quando a dependência do FPE ou do FPM é grande, o que se verifica em estados menos desenvolvidos do Norte e do Nordeste e na maioria dos municípios de pequeno e médio portes, as receitas evoluem em consonância com o ciclo da economia nacional, isto é, perdem dinamismo em momentos de forte desaceleração do crescimento do PIB e ganham quando a economia se recupera. No caso dos municípios cuja receita depende da participação no ICMS, os movimentos de alta e baixa variam em função da base econômica estadual e são acentuados pela maior sensibilidade desse imposto a mudanças na atividade econômica nacional. Isso afeta em particular os municípios de maior porte, entre eles as capitais estaduais, onde a influência do FPM é menos expressiva.

Não obstante a linha geral de comportamento anteriormente exibida, situações individuais são freqüentemente afetadas por incertezas quanto a tempestividade dos repasses e por alterações nas regras que determinam o rateio das demais transferências, acentuando a instabilidade dos orçamentos subnacionais. As incertezas decorrem do recurso ao contingenciamento do orçamento federal para evitar surpresas com respeito ao cumprimento das metas macroeconômicas do ajuste fiscal. Cabe mencionar também o conflito que se repete a cada ano em torno dos recursos federais destinados a estados e municípios para compensar a não-incidência do ICMS nas exportações, as limitações à liberação de recursos relativos a emendas inseridas pelos parlamentares no orçamento federal para beneficiar estados e municípios, assim como a complementação federal para sustentar o valor real do piso de gasto por aluno no ensino fundamental estabelecido pelo Fundef.

Com respeito a mudanças nas regras, o caso mais relevante refere-se à cota-parte municipal do ICMS regulada por lei estadual. Mudanças freqüentes na legislação adotada pelos estados, muitas vezes movidas por interesses político-partidários, podem significar perdas ou ganhos expressivos em municípios onde essa fonte de receita tem peso expressivo.

Enquanto os efeitos da sensibilidade aos ciclos da economia e das alterações normativas refletem fenômenos que são ou passageiros ou passíveis de mais fácil correção, os desequilíbrios horizontais anteriormente apontados, ou seja, as diferenças quanto aos valores *per capita* dos orçamentos estaduais e municipais decorrem de raízes mais profundas. Eles são o corolário da sobreposição de distintas lógicas que presidem a transferência de várias fontes de recursos que foram se acumulando ao longo dos anos e que compõem os orçamentos estaduais e municipais. O quadro resume essas fontes e os critérios que presidem o rateio desses recursos.

Como é fácil entender, a multiplicidade de fontes que compõem os orçamentos subnacionais concorre para a forma como os recursos transferidos se distribuem geograficamente. Dependendo da origem dos recursos, essa distribuição se dá:

- em razão direta à população e inversa à renda *per capita* — FPE;
- em razão direta, mas decrescente, ao tamanho da população — o FPM;
- em razão direta à base econômica municipal — no caso da cota-parte dos municípios no ICMS, repartida conforme o valor adicionado, da participação dos municípios no IPVA e no ITR, e do IR na fonte sobre os servidores públicos municipais;
- em razão direta à população e inversa à renda *per capita* (FPM — capitais);
- em razão direta ao tamanho da população e à concentração da oferta de serviços (SUS);
- em função do número de matrículas no ensino fundamental (Fundef);
- em função de critérios vários inseridos em leis estaduais que regulam a entrega aos municípios de 1/4 do ICMS que lhes é devido;
- em função da importância dos estados nas exportações nacionais — fundo de compensação das exportações e repasses da Lei Kandir;
- com base nos coeficientes de participação dos municípios no ICMS — parcela dos municípios nos recursos transferida aos estados à conta de compensação das exportações.

Fontes de recursos dos orçamentos estaduais e municipais, exceto receitas tributárias próprias

IR retido na fonte — IR retido de funcionários estaduais e municipais pertence aos estados e municípios.

Royalties do petróleo, gás e energia elétrica — receita dos *royalties* é rateada com base em critérios definidos em lei, que privilegia o critério territorial.

Cota-parte do IOF-ouro — 30% da arrecadação são distribuídos aos estados e 70% aos municípios com base na origem da produção.

Cota-parte do ITR — 50% da arrecadação são distribuídos aos municípios proporcionalmente à localização dos imóveis rurais.

Cota-parte do IPVA — 50% da arrecadação são distribuídos aos municípios com base na origem do recolhimento do imposto.

Cota-parte do ICMS — 25% da receita são distribuídos aos municípios da seguinte forma: 3/4 com base no valor adicionado no município e 1/4 conforme o disposto em lei estadual.

continua

> **Fundo de compensação de exportações** — 10% da receita do IPI são distribuídos aos estados com base na contribuição de cada um para o total das exportações nacionais; 25% da parcela dos estados nesse fundo são entregues aos municípios segundo os mesmos critérios aplicados à repartição da cota-parte do ICMS.
>
> **Transferências aos estados à conta da Lei Kandir** — montante anualmente definido no orçamento federal é repassado aos estados com base em estatísticas de exportação de produtos primários e semi-elaborados; 25% da parcela recebida pelos estados são repartidos entre os municípios com base nos mesmos critérios aplicados à repartição da cota-parte do ICMS.
>
> **Fundo de participação dos municípios** — 22,5% da arrecadação do IR e do IPI; 10% desse fundo são repartidos entre as capitais levando em conta a população (razão direta) e a renda *per capita* municipal (razão inversa); 90% são repartidos entre os demais municípios com base em percentuais definidos em 1989 e que privilegiam os municípios de pequeno porte.
>
> **Fundo de participação dos estados** — 21,5% da arrecadação do IR e do IPI são repartidos entre os estados em razão direta da população e inversa da renda *per capita*. Coeficientes congelados a partir de 1992?.
>
> **Transferências do SUS** — recursos do orçamento federal, transferidos a estados e municípios conforme critérios definidos em lei, que levam em conta a população e a natureza dos serviços prestados. Valor fixo *per capita* é transferido aos municípios para financiar ações básicas de saúde.
>
> **Fundef** — formado por 15% das transferências do FPE, do FPM, das compensações por exportações e do ICMS. Redistribui recursos entre estados e municípios com base nas matrículas no ensino fundamental.
>
> **Transferências negociadas** — recursos do orçamento da União repartidos por meio de convênios para finalidades diversas.

É fácil ver que a multiplicidade de fontes conjugada com critérios distintos de repasses de recursos conduz a enormes assimetrias. Estados com renda *per capita* e densidade demográfica baixas, como a grande maioria dos que pertencem à Região Norte, se beneficiam das transferências do FPE, enquanto as transferências direcionadas para o SUS se concentram nos estados mais ricos e mais populosos. Essas diferenças derivam dos critérios originalmente adotados para definir as cotas de cada estado no FPE e se agravaram depois que os coeficientes que definem essas cotas foram congelados pela impossibilidade de ser alcançado um entendimento sobre a revisão da fórmula de rateio como havia sido recomendado pela Constituição.

Com as exceções de praxe, os pequenos municípios se beneficiam do FPM, ao passo que os grandes se apóiam na cota-parte do ICMS e demais transferências que se relacionam à base econômica municipal. Pela importância financeira, os repasses do SUS também têm uma participação expressiva na composição das receitas dos municípios de maior porte.

O caso das capitais merece um comentário à parte. De acordo com os critérios estabelecidos à época de sua criação, o FPM — capitais, que corresponde a 10% do total desse fundo, deveria ser repartido em razão direta da população e inversa à renda *per capita* dos municípios, com ambos os fatores tendo um peso igual na determinação do coeficiente de rateio. Distorções inicialmente introduzidas pela utilização da renda *per capita* do estado como variável representativa da renda de sua capital (por inexistência à época de estimativas confiáveis para o PIB municipal) nunca foram devidamente corrigidas, conduzindo a situações em que a capital rica e pouco populosa de um estado pobre tenha uma participação nesse fundo muito maior do que a de uma capital mais pobre e mais habitada de um estado mais rico.

Um fato que merece registro é a dificuldade em atualizar os principais critérios de repasse, por causa de dinâmicas socioeconômicas em constante mutação. Assim, desde o início da década de 1990, a repartição do FPE e do FPM abandonou o critério original e adotou uma tabela fixa de participação percentual construída com base na experiência acumulada no passado e após uma intensa negociação. No ICMS, a regra constitucional ainda é a estabelecida em 1967, enquanto no caso do SUS a herança do passado também comanda a maior parte dos critérios utilizados na repartição dos recursos entre os municípios. Assim, na análise das distorções apontadas, esse também é um fator a ser considerado.

A realidade das finanças subnacionais é multifacetada em decorrência da instabilidade dos principais componentes da receita, da disparidade na repartição das distintas fontes de recursos e do efeito diferenciado das vinculações de receita e da estabilidade monetária sobre o montante e a composição do gasto. A situação recomenda que se abra o debate sobre a necessidade de uma ampla reformulação do federalismo fiscal brasileiro como requisito indispensável à introdução de mudanças que contribuam para o fortalecimento da capacidade de estados e municípios assumirem sua parcela de responsabilidade com respeito ao atendimento das responsabilidades do Estado em uma nova etapa do desenvolvimento brasileiro.

Desequilíbrios federativos e má qualidade da tributação

O recurso às contribuições sociais para bancar o ajuste fiscal aboliu as fronteiras que definiam os espaços tributários entregues à competência exclusiva de cada ente federado. Com a expansão do PIS/Cofins e a criação da CPMF, o governo federal passou a tributar a produção e circulação de mercadorias e serviços de forma ampla, invadindo os campos tributários de estados e municípios. Em decorrência, as mesmas bases tributárias passaram a ser exploradas de múltiplas formas, obedecendo a legislações distintas e sem integração administrativa. O aumento da carga tributária e a diversidade do ônus fiscal suportado pelos contribuintes aumentaram a complexidade do sistema tributário e trouxeram um enorme retrocesso com respeito à qualidade da tributação nacional.

Sob outra perspectiva, a fragmentação das normas e dos procedimentos aplicados não permite que o Brasil avance no sentido da harmonização da tributação aplicada a bens e serviços em todo o território brasileiro, o que reduz a competitividade dos produtos nacionais nos mercados mundiais, a sustentação dos produtores brasileiros no mercado doméstico e o processo de integração econômica regional. Com a superposição de poderes tributários, o governo federal e os estados competem na tributação de mercadorias em geral, nos combustíveis, nos transportes, nas comunicações e na energia elétrica, ao passo que União e municípios disputam a tributação dos serviços. Tal competição se dá em prejuízo dos contribuintes e é fonte de conflitos na federação.

A sobreposição de poderes tributários foi acompanhada do aumento da cumulatividade dos impostos, acarretando danos à competitividade da produção nacional. Num mercado globalizado, a escala dos empreendimentos é um fator cada vez mais decisivo para a competição e a fragmentação do processo produtivo é importante para a maximização da eficiência produtiva e a melhoria do resultado operacional. Na lógica do mercado global, a existência de tributos cumulativos constitui um sério *handicap*. Tributos dessa natureza incentivam a verticalização da produção e não o melhor aproveitamento das vantagens locacionais.

O problema é mais sério quando eles coexistem com barreiras tributárias à livre circulação de mercadorias no território nacional, como as representadas pela tributação das operações interestaduais pelo ICMS. A sustentação dessas barreiras induz a decisões ineficientes e à quebra do princípio da solidariedade nacional. A aquisição de insumos e a distribuição de mercadorias são fortemente influenciadas pelo planejamento tributário. Indústrias que agregam pouco valor na elaboração do produto final podem se beneficiar do deslocamento de suas plantas para regiões onde a alíquota do ICMS aplicada à aquisição de insumos em outros estados é mais baixa, principalmente quando o objetivo é incrementar as exportações, uma vez que essa decisão reduz o risco de acumulação de créditos que não podem ser integralmente aproveitados. O comércio atacadista dos bens mais fortemente tributados pelo ICMS concentra-se do outro lado da divisa do estado que constitui seus principais mercados, fornecedor e consumidor, para aproveitar a vantagem decorrente do diferencial de alíquotas nas compras e vendas interestaduais. A atividade agrícola e mineral também é prejudicada pela dificuldade que enfrenta para utilizar integralmente créditos tributários relativos aos equipamentos e insumos adquiridos nos estados mais industrializados do país.

No âmbito do Mercosul, o tratamento tributário diferenciado nas compras e vendas de mercadorias entre os estados brasileiros cria um forte incentivo ao fortalecimento das relações comerciais com os demais países do bloco. Quando isso ocorre, a não-incidência de impostos internos nas fronteiras internacionais pode constituir uma vantagem significativa, quando comparada com a alternativa de aquisição no mercado doméstico. A opção pela internacionalização da cadeia produtiva é reforçada pelo efeito da cumulatividade. Insumos produzidos em outros países do Mercosul para posterior processamento em território brasileiro carregam uma carga de impostos bem mais baixa do que a suportada pelos nacionais, estimulando um crescimento artificial do comércio entre países do bloco. Um produto manufaturado no Brasil, com insumos adquiridos em outro país do bloco, e posteriormente exportado para a mesma região, goza de uma vantagem tributária expressiva quando comparado a um produto equivalente que utiliza componentes inteiramente nacionais.

As distorções tributárias apontadas geram dois efeitos perversos. Elas retiram poder de competição ao mesmo tempo em que incentivam a escolha de soluções economicamente menos eficientes em relação à competitividade global das cadeias produtivas. Quanto maior a demora em corrigi-las, maior a dificuldade para ajustar o padrão produtivo brasileiro às exigências da economia global.

Vale ressaltar que a melhoria da qualidade tributária e a recomposição do equilíbrio federativo passam pela mesma questão que afeta o ajuste fiscal: a seguridade social. É possível contornar os impactos fiscais da seguridade social no campo macroeconômico com medidas pontuais de efeitos transitórios, mas essa estratégia, além de não ser isenta de riscos, adia por um prazo que pode ser demasiadamente longo as mudanças tributárias requeridas pela microeconomia e as alterações no federalismo fiscal demandadas pela federação.

Ajuste fiscal, conflitos federativos e resistência a mudanças

A rigidez dos orçamentos e os antagonismos na federação explicam a enorme resistência a mudanças. O medo de que reformas estruturais no sistema tributário afetem a arrecadação e comprometam as metas fiscais põe o governo federal na defensiva. De outra parte, os estados, engajados em uma ferrenha competição e pressionados a reformar o caótico regime que governa a cobrança do ICMS, só se unem para demandar maiores compensações do governo federal para cobrir buracos em seus orçamentos. Pouco envolvidos no debate das reformas, os municípios confiam na sua capacidade de bloquear no Congresso Nacional mudanças que firam os seus interesses. Sintoma da crença na capacidade de resistência dos municípios é a não-inclusão da agenda das propostas de reforma apresentadas na última década da polêmica proposta de eliminar a anacrônica separação entre serviços e mercadorias instituída em 1967 e mantida desde então.

Não obstante, a consciência de que a natureza do ajuste fiscal praticado nos últimos anos, baseado num vertiginoso incremento da arrecadação de impostos, chegou ao limite, faz com que uma mudança de atitude se torne imperiosa. Premido pela forte reação da sociedade a novos aumentos de impostos, o governo se vê na necessidade de adotar medidas para conter o crescimento dos gastos e reduzir a rigidez do orçamento. Já que as despesas com os benefícios previdenciários e assistenciais, impulsionadas por aumentos reais do salário mínimo e pela ampliação do número de benefícios (com destaque para o auxílio-doença), respondem pela maior pressão sobre os gastos públicos, ela é o alvo principal das propostas de reforma. Ainda que menos expressivo, o crescimento dos gastos em saúde, alicerçado em novas garantias constitucionais, também preocupa. Juntos, previdência, assistência e saúde respondem pela maior parte do crescimento dos gastos de custeio no passado recente.

Vale notar que o foco das providências sugeridas para mudar a natureza do ajuste fiscal está direcionado para os programas abrangidos pelo conceito de seguridade social adotado pela Constituição de 1988. Por trás da expansão dos gastos com os benefícios administrados pelo INSS e com os programas de saúde e assistência social está a universalização dos direitos de cidadania, pela qual todos os cidadãos, independentemente de qualquer vínculo empregatício ou contributivo, deveriam ter acesso à proteção plena do Estado em matéria de previdência, saúde e assistência.

Mudanças que impliquem em separar da previdência o chamado "componente assistencial", isto é, os benefícios que não têm uma relação direta com a contribuição, entram em choque com um dos princípios mais festejados da Constituição de 1988, o da solidariedade no financiamento da seguridade social. Da mesma forma, a redução das garantias constitucionais ao financiamento da saúde e a eliminação do piso previdenciário contrariam a determinação de tornar efetivo o princípio de universalização do acesso à saúde e de preservação do valor dos benefícios. Assim, ainda que limitada, a reforma da previdência implica em rever a proposta da seguridade social de universalização dos direitos de cidadania.

Além disso, a proposição de atender primeiro às preocupações com a macroeconomia significa postergar por um prazo que parece demasiadamente longo as necessidades da microeconomia e da federação. Dado que o impacto de mudanças pontuais sobre o gasto público — desvinculação dos benefícios previdenciários (principalmente os assistenciais) do salário mínimo, imposição de limites aos gastos de custeio (o que implica rever a EC da saúde) e promoção de uma nova rodada de reformas da previdência, para eliminar privilégios (vantagens para as mulheres, limites de idade) e reduzir o déficit atuarial — é diluído no tempo, mesmo com a ampliação da DRU e a prorrogação da CPMF, os resultados esperados em termos de retomada dos investimentos e queda da relação entre a dívida pública e o PIB só seriam sentidos totalmente em um prazo não inferior a 10 anos.[5]

Em decorrência, a reforma tributária e a eficiência da gestão pública continuariam aprisionadas em espaços estreitos. Com a necessidade de ampliar investimentos, a impossibilidade de reduzir a carga tributária de modo significativo levaria à continuidade dos ajustes pontuais nos impostos para ir removendo, gradualmente, as distorções mais relevan-

---

[5] De acordo com a simulação apresentada em texto de Delfim Netto e Fábio Giambiagi (2005), as alterações mencionadas fariam com que o gasto corrente do governo federal em 2016 caísse para 16,5% do PIB — um ponto percentual inferior aos níveis atuais —, o que, mantida a carga tributária federal em 19,30% do PIB, permitiria que os investimentos públicos subissem gradualmente até atingirem 2,12% do PIB em 2016.

tes. No tocante à gestão pública, os problemas causados pela distância entre o financiamento (recursos centralizados) e a gestão das políticas sociais (descentralizada) continuariam impondo dificuldades à eficiência e à eficácia do gasto.

O foco exclusivo nos gastos busca adiar o enfrentamento das reformas necessárias para recompor o equilíbrio federativo, enquanto a sustentação artificial da proposta da seguridade social dificulta a promoção de um ajuste estrutural das contas públicas. Assim, a prorrogação de medidas provisórias torna-se uma rotina e a modernização tributária como a eficiência da gestão pública ficam comprometidas. A alternativa é enfrentar a reforma do federalismo fiscal.

Reforma tributária ou novo modelo de federalismo fiscal?

A despeito dos inúmeros sinais de esgotamento da opção até agora adotada para conduzir o processo de reforma tributária e de ajuste das contas públicas, é impossível ignorar os desafios que a globalização da economia e das finanças, juntamente com a formação de blocos econômicos regionais, impõem às federações. Estas, são duplamente afetadas pela imposição de crescentes limites à autonomia dos Estados nacionais. De um lado, a harmonização das políticas econômicas, principalmente a tributária, exige uma maior uniformização dos impostos cobrados em todo o país, abalando um dos pilares tradicionais da autonomia federativa. De outro, a necessidade de sustentação do equilíbrio fiscal conduz à imposição de crescentes limites ao gasto público e ao endividamento de estados e municípios, à medida que uma rigorosa disciplina fiscal é fundamental para o sucesso da integração na economia mundial.

Outros desafios importantes referem-se à coesão federativa e à redução das disparidades regionais. Enquanto o desenvolvimento baseado no mercado interno e sustentado na substituição de importações exigiu a integração do mercado doméstico, a liberalização dos fluxos financeiros e comerciais abriu espaço a um maior intercâmbio com países vizinhos, e mesmo com mercados do Atlântico Norte, enfraquecendo os incentivos à cooperação inter-regional. A internacionalização da economia da Amazônia, o desenvolvimento do agronegócio de exportação no Centro-Oeste, o deslocamento de indústrias tradicionais para o Nordeste, o estreitamento das relações do Sul/Sudeste com os países do Mercosul constituem traços marcantes de uma nova geografia econômica que precisa ser considerada. Nesse contexto, é importante ressaltar a necessidade de criarem-se condições favoráveis à cooperação intergovernamental visando um novo equilíbrio federativo e regional.

Em paralelo, a abertura e a globalização criam focos de tensão que tendem a acirrar os antagonismos. Esses focos se manifestam:

- na tentativa, por parte da União, em impor controles mais rigorosos sobre a gestão administrativa e financeira de estados e municípios e nas reações que ambos oferecem ao cerceamento de suas autonomias;
- na demanda de estados e municípios por compensações de perdas sofridas em decorrência de decisões adotadas pelo governo federal;
- no enfraquecimento dos laços de solidariedade nacional provocado pelas novas oportunidades de comércio com países vizinhos;
- na eclosão e escalada da guerra fiscal.

Com a remoção das barreiras à livre circulação de mercadorias e serviços, as diferenças de tratamento tributário precisam ser removidas, sob pena de prejuízo para os países que mantiverem impostos que penalizam a produção, os investimentos e a exportação. As pressões por harmonização tributária demandam a substituição de um variado número de impostos que incidem sobre bases estreitas por um reduzido número de tributos de base ampla, vedando a possibilidade do equilíbrio federativo ser alcançado mediante fragmentação das bases e atribuição de competências tributárias exclusivas a cada um dos entes de uma federação. O recurso a competências concorrentes também não é compatível com as exigências de normas e de práticas administrativas uniformes em todo o território nacional. Assim, é necessário adotar um regime de competências partilhadas, onde uma mesma base impositiva — o consumo, principalmente — passa a ser objeto de tributação simultânea pelas entidades que compõem a federação.

Partilhar competências é diferente de partilhar as receitas dos tributos. Na partilha de receitas, o tributo pertence a uma das partes, quase sempre o governo central, que encarrega-se da sua administração e cobrança e reparte o produto da arrecadação com os estados-membros de acordo com regras estipuladas na legislação. Na partilha de competências, o tributo pertence a ambos, União e estados, que negociam conjuntamente, no Congresso, a legislação aplicável e as alíquotas que correspondem à parcela de cada um no tributo em questão. Ambos submetem, portanto, sua autonomia para legislar em matéria tributária ao poder legislativo nacional.

Outra vantagem importante da partilha de competências é a contribuição que ela traz para a estabilidade normativa. A partilha de uma ampla base tributária entre os componentes de uma federação torna mais difícil a ocorrência de freqüentes mudanças na legislação, pois para isso seria necessário conciliar interesses que nem sempre estariam de acordo com a necessidade e a natureza da mudança pretendida. Mais estabilidade também é importante para dar maior segurança ao contribuinte e estabelecer um ambiente propício às decisões de investimento e à atração de capitais, ambas de fundamental importância para o desenvolvimento nacional.

Em contrapartida, a harmonização tributária afeta um dos pilares centrais da autonomia dos entes federados, centrada na repartição das competências impositivas e nos mecanismos de repartição de receitas constitucionalmente definidos. Assim, para que ela venha a ser implementada, será necessário compensar as rígidas limitações à mobilização de recursos por meio da tributação, com maior liberdade de aplicação dos recursos arrecadados, desde que as exigências do equilíbrio fiscal sejam respeitadas.

Numa federação desigual como a brasileira, é necessário buscar um maior equilíbrio entre autonomia e cooperação. A questão é como esse federalismo cooperativo pode ser implantado, haja vista as manifestações recorrentes de antagonismo e a ausência de estímulos à cooperação.

Se adotada, a partilha de competências tributárias passa a ser instrumento poderoso de incentivo à cooperação. Um IVA nacional uniforme, partilhado pela União, estados e municípios e incidente sobre todas as mercadorias e serviços, contribui para a remoção de antagonismos e induz à cooperação. Uma base impositiva comum e uma legislação uniforme conduzem à cooperação intergovernamental no campo da administração tributária, com benefícios não-desprezíveis para o contribuinte e para o fisco. Do ponto de vista do contribuinte, a simplificação decorrente da adoção de uma base única para cálculo dos débitos fiscais reduz o custo das obrigações acessórias e dispensa a necessidade de recurso a diferentes instâncias para a solução de conflitos de interpretação. Do ponto de vista do fisco, a integração de cadastros e a fiscalização conjunta aumentam a eficiência do combate à fraude e à sonegação, ao mesmo tempo em que permitem obter substanciais economias administrativas.

Nesse modelo, o antagonismo que freqüentemente se manifesta sob a forma de concessão de incentivos fiscais para a atração de indústrias cede espaço para a adoção de políticas ativas de atração de atividades econômicas modernas por meio de programas de investimento na melhoria da infra-estrutura, dos serviços urbanos e dos programas sociais, notadamente os de melhoria do ensino básico e da assistência médico-hospitalar. A indispensável cooperação intergovernamental no financiamento de investimentos e na provisão de serviços contribuirá para fortalecer a coesão nacional.

Na implementação desse modelo, a co-participação no financiamento é a contrapartida da partilha de competências. Por meio dela, fica mais fácil avançar na direção de uma maior descentralização das responsabilidades públicas, sem que seja necessário incorrer em uma "overdose" de transferências. Com a repartição das receitas tributárias na federação, guardando uma relação mais estreita com a renda e o consumo local, a co-participação no financiamento poderia ser definida em função das necessidades de atendimento das responsabilidades do Estado em uma nova política de desenvolvimento.

Considerações finais

Em federações marcadas por elevadas desigualdades regionais e sociais, como a brasileira, a cooperação intergovernamental no atendimento das responsabilidades do Estado requer um ajuste periódico nos mecanismos de transferência de recursos financeiros que conformam o modelo de federalismo fiscal, de forma a ajustá-los à dinâmica espacial do país. Essa não tem sido, todavia, a prática brasileira. A despeito das evidências, todas as propostas de reforma tributária que foram elaboradas nos últimos 15 anos evitaram abordar as mudanças necessárias no federalismo fiscal, sob a justificativa de que o tema é politicamente explosivo. Mas a experiência está demonstrando que essa estratégia, além de limitada, contribui para acumular distorções e dificultar as mudanças.

A abordagem limitada que tem presidido os recentes debates sobre a reforma tributária ignora que a revisão do sistema de impostos, que envolve a questão da atribuição de competências para instituir e administrar tributos na federação, determina, juntamente com o sistema de partilhas e transferências, o perfil da repartição de receitas na federação. Assim, a alteração isolada de uma das faces desse perfil não é capaz de corrigir as distorções atuais, podendo, ao contrário, torná-las ainda mais graves. Além disso, ela limita as possibilidades de promover uma reformulação mais abrangente do próprio sistema tributário, uma vez que fica mais difícil conciliar os interesses envolvidos e encontrar um novo ponto de equilíbrio entre competências e transferências.

A revisão do federalismo fiscal brasileiro é fundamental para recompor o equilíbrio federativo, estabelecer mecanismos eficazes para a cooperação intergovernamental na promoção e implementação de políticas nacionais de desenvolvimento e instituir novas regras voltadas para a redução das desigualdades regionais. Em um novo modelo, a compensação a estados e municípios dotados de insuficiente base de arrecadação tributária deveria ter por objetivo assegurar um piso mínimo de recursos orçamentários por habitante em qualquer unidade da federação. Recursos adicionais estariam voltados para assegurar a cooperação intergovernamental nas áreas que correspondem às responsabilidades do Estado na implementação de uma nova política nacional de desenvolvimento, em especial nos campos da saúde, da educação, da segurança pública e da infra-estrutura urbana. Uma nova política de desenvolvimento regional constitui o complemento indispensável para assegurar o equilíbrio do novo modelo.

Referências bibliográficas

DELFIM NETTO, A.; GIAMBIAGI, F. O Brasil precisa de uma agenda de consenso. *Boletim de Conjuntura*, Brasília: Ipea, dez. 2005.

GIAMBIAGI, F. *A política fiscal do governo Lula em perspectiva histórica*: qual é o limite para o aumento do gasto público? Brasília: Ipea, 2006. (Texto para Discussão, n. 1169).

PRADO, S.; QUADROS, W.; CAVALCANTI, C. E. *Partilha de recursos na federação brasileira*. São Paulo: Fundap; Brasília: Ipea, 2003.

VELLOSO, R. *Por um gatilho fiscal temporário*. Rio de Janeiro: Inae, 2005a. (Estudos e Pesquisas, n. 128).

_____. *Rigidez orçamentária e difíceis escolhas*. Rio de Janeiro: Inae, 2005b. (Estudos e Pesquisas, n. 93).

Impressão e Acabamento
*Imprinta Express Gráfica e Editora Ltda.
Tel – 021 3977-2666
e-mail.: comercial@imprintaexpress.com.br
Rio de Janeiro – Brasil*